Beck'sche Schwarze Reihe
Band 293

HORST MÖLLER

# Exodus der Kultur

*Schriftsteller, Wissenschaftler und Künstler*
*in der Emigration nach 1933*

VERLAG C.H.BECK MÜNCHEN

CIP-Kurztitelaufnahme der Deutschen Bibliothek

*Möller, Horst:*
Exodus der Kultur : Schriftsteller, Wissenschaftler
u. Künstler in d. Emigration nach 1933 / Horst
Möller. – München : Beck, 1984.
  (Beck'sche Schwarze Reihe ; Bd. 293)
  ISBN 3 406 09293 4

NE: GT

ISBN  3 406 09293 4

Einbandentwurf von Rudolf Huber-Wilkoff, München
Umschlagbild: Süddeutscher Verlag, München
© C.H. Beck'sche Verlagsbuchhandlung (Oscar Beck), München 1984
Gesamtherstellung: Appl, Wemding
Printed in Germany

# Inhalt

# Vorwort

Die vorliegende Studie entstand im Zusammenhang der Arbeit am *Biographischen Handbuch der deutschsprachigen Emigration nach 1933*, das das Institut für Zeitgeschichte, München, gemeinsam mit der Research Foundation for Jewish Immigration, New York, herausgegeben hat. Dieses bisher umfassendste Werk zur Geschichte der Vertreibung von mehr als einer halben Million Menschen durch die nationalsozialistische Diktatur seit 1933 erschien 1980 und 1983 in drei umfangreichen Bänden im K. G. Saur Verlag, München. Es enthält annähernd 8600 Lebensbeschreibungen von Emigranten, die in Politik, Wirtschaft und Kultur hervorgetreten waren. Etwas mehr als die Hälfte entfällt auf den zweiten (englischsprachigen) Band, der der Kulturemigration gewidmet ist. Dieser Band enthält außerdem drei größere Einleitungsteile von Herbert A. Strauss (New York/Berlin), Werner Röder (München) und mir: Auf meine dortigen Ausführungen geht die hier vorgelegte, allerdings erheblich eingehendere Darstellung zurück. Eine modernen Ansprüchen genügende Gesamtdarstellung der Kulturemigration ist in diesem Rahmen und aufgrund des derzeitigen Forschungsstandes nicht möglich, es fehlt sowohl an Untersuchungen zu den meisten wissenschaftlichen und künstlerischen Disziplinen als auch an Länderstudien, die die spezifischen Aufnahmebedingungen für die Emigranten und ihr weiteres Schicksal hinreichend untersuchen. Das *Biographische Handbuch* stellt für solche Arbeiten das notwendige Fundament bereit.

Ziel dieser Studie ist es, einen über zentrale Kapitel der Kulturemigration informierenden Überblick mit essayistischer Problemorientierung zu verbinden: Die kulturpolitischen Voraussetzungen der Emigration vor und nach 1933, ihre qualitative Bedeutung und ihr quantitativer Umfang gehören mit den Auswirkungen der Emigration auf die Zeit nach 1945 in einen historischen Bedingungszusammenhang. Die Konsequenzen bleiben aktuell.

Bei der gemeinsamen Arbeit am Projekt des *Biographischen Handbuchs* im Institut für Zeitgeschichte von 1979 bis 1982 erfuhr ich zahlreiche Anregungen: Mein besonders herzlicher Dank gilt Werner Röder und Herbert A. Strauss sowie Dieter Marc Schneider und Hartmut Mehringer für viele Gespräche und kritische Lektüre größerer Teile des Manuskripts.

*Erlangen, im Februar 1984*                                    *Horst Möller*

# I. Vorgeschichte: Weimarer Kultur und NS-Kulturpolitik

## Kulturpolitische Maßnahmen und Terror des NS-Regimes

„Verbrennt mich!": In der Wiener Arbeiterzeitung vom 12. Mai 1933 protestierte Oskar Maria Graf dagegen, aus Anlaß der nationalsozialistischen Bücherverbrennung am 10. Mai 1933 auf dem Berliner Opernplatz auf eine sogenannte Weiße Liste mit Autoren des „neuen Deutschland" gesetzt worden zu sein, eine Liste, die „vor dem Weltgewissen nur eine *schwarze* Liste sein kann": „Nach meinem ganzen Leben und nach meinem ganzen Schreiben habe ich das Recht zu verlangen, daß meine Bücher der reinen Flamme des Scheiterhaufens überantwortet werden und nicht in die blutigen Hände und die verdorbenen Hirne der braunen Mordbanden gelangen. Verbrennt die Werke des deutschen Geistes! Er selber wird unauslöschlich sein wie eure Schmach!" Das bittere Verlangen blieb nicht ungehört. In der Aula der Münchener Universität verbrannten Studenten in Anwesenheit von Professoren die Werke des „bayerischen Balzac", die Reichspropagandaminister Joseph Goebbels auf Grund eines Mißverständnisses bei seinem Autodafé ausgespart hatte.

Diese Bücherverbrennung, der nicht nur Werke der Weltliteratur, sondern überdies zahlreiche wissenschaftliche und publizistische Schriften neueren und älteren Datums zum Opfer fielen, war öffentliches Fanal einer Zensurpolitik, die bis 1934 ungefähr dreitausend Werke auf den Verbotsindex setzte und binnen weniger Monate öffentliche Bibliotheken von Schriften „säuberte", die als „entartet" eingestuft wurden oder Verfasser hatten, die jüdischer Herkunft bzw. politisch mißliebig waren. Das galt vor allem für linksstehende Autoren.

In schneller Folge hatte die NS-Regierung für eine derartige Politik die „rechtliche" Handhabe geschaffen, auf die sie immer dann zurückgriff, wenn die Inszenierung „spontanen" Volkszorns – wie beispielsweise in der verharmlosend so bezeichneten „Reichskristallnacht" am 9. November 1938 – kein geeignetes Terrormittel schien. Schon die *Verordnung des Reichspräsidenten zum Schutz von Volk und Staat* (Reichstagsbrandverordnung) vom 28. Februar 1933 ermöglichte die Außerkraftsetzung von in der Weimarer Verfassung garantierten Grundrechten, ließ die Verfolgung politischer Gegner zu und ermöglichte die Einschränkung der Pressefreiheit.

Die am 21. März 1933 erlassene *Verordnung des Reichspräsidenten zur Abwehr heimtückischer Angriffe gegen die Regierung der nationalen Erhebung* erlaubte es, Kritik an der NS-Regierung oder den sie tragenden Organisationen, also insbesondere der NSDAP und ihrer Gliederungen, unter Strafe zu stellen – auch dann, wenn ein Deutscher die „Tat" im Ausland begangen hatte.

Das sogenannte *Schriftleitergesetz* vom 4. Oktober 1933 regelte im nationalsozialistischen Sinne die „Mitwirkung an der Gestaltung des geistigen Inhalts der im Reichsgebiet herausgegebenen Zeitungen und politischen Zeitschriften". In bezug auf Fachzeitschriften entschied der Reichspropagandaminister im Einvernehmen mit der zuständigen obersten Reichs- oder Landesbehörde, ob sie als „politisch" einzustufen seien. „Nichtarische" Personen oder solche, die mit „einer Person nichtarischer Abstammung" verheiratet waren, blieben von vornherein vom Schriftleiterberuf ausgeschlossen: Allein schon diese Bestimmung raubte einigen der renommiertesten Publizisten der Weimarer Republik die Möglichkeit, weiterhin in ihrem Beruf zu arbeiten, beispielsweise Georg Bernhard, Theodor Wolff, Carl von Ossietzky, Siegfried Jacobssohn und Alfred Kerr. Das Schriftleitergesetz erlaubte es, alle Schriftsteller in einer berufsständischen Zwangsorganisation zusammenzufassen, deren Leiter der Reichspropagandaminister ernannte.

Schließlich amtierte seit 22. September 1933 eine dem Reichspropagandaminister unterstehende *Reichskulturkammer,* zu der Sektionen für Theater, Bildende Kunst, Musik, Presse und Rund-

funk gehörten. Ihr oblagen die Kontrolle und Lenkung der Kulturpolitik im Reich, zusammen mit einer schon am 14. Juli 1933 ge-
gründeten ersten öffentlich-rechtlichen Institution dieser Art, der
Reichsfilmkammer. Der Kampf gegen „entartete" Kultur jeglicher
Art sollte mit Hilfe dieser Organisationen systematisch geführt
werden, sie dienten der umfassenden Überwachung der Personal-
politik innerhalb der kulturellen Einrichtungen. Die Preußische
Akademie der Künste wurde schon während der ersten Monate
des NS-Staates von repräsentativen Künstlern und Schriftstellern
der Weimarer Jahre „gereinigt", die bedeutendsten Dichter der
Zwanziger Jahre, die der Sektion für Dichtkunst angehörten, wurden entfernt – beispielsweise Thomas und Heinrich Mann – und
durch Vertreter des „neuen Deutschland" ersetzt: ausnahmslos
Schriftsteller erheblich minderen Ranges.

*Das Gesetz zur Wiederherstellung des Berufsbeamtentums* vom
7. April 1933 führte schon im ersten Jahr der NS-Herrschaft zu
Entlassungen bzw. Nichteinstellungen jüdischer oder als politisch
belastet eingestufter Beamter – auch solcher im Bereich der Kultur,
waren es nun Lehrer oder Wissenschaftler.

Die sogenannten Nürnberger Gesetze vom 15. September 1935,
vor allem das *Reichsbürgergesetz* und das *Gesetz zum Schutze des
deutschen Blutes und der deutschen Ehre,* leiteten eine weitere Radi-
kalisierung der antisemitischen Politik der NS-Diktatur ein, die
den gesamten jüdischen – oder aufgrund biologistischer Prämissen
als jüdisch erklärten – Bevölkerungsteil traf. Das öffentliche kulturelle Wirken dieses Personenkreises, sofern es die Grenzen jüdischer Gemeindearbeit überschritt, wurde damit beendet.

Eine Reihe weiterer Diskriminierungen und schon vor 1933 ein-
setzender individueller Terror der SA gegen politisch oder „ras-
sisch" Mißliebige beschrankten fur einen erheblichen Teil der im
weitesten Sinn kulturell Tätigen die Arbeitsmöglichkeiten auf ein
Minimum oder beseitigten sie ganz und gar.

Indizierung von Büchern, diffamierende Kritik an Schriftstellern, Künstlern und Gelehrten, schon bald nach der Flucht aus
Deutschland erfolgende spektakuläre Ausbürgerungen – all dies
mußte den in Deutschland Verbliebenen bereits in den ersten Mo-

naten des „neuen Deutschland" eine unübersehbare Warnung sein: Auch solche, die sich von der Polemik gegen „jüdisch-zersetzende Asphaltliteratur" nicht unmittelbar betroffen fühlen mußten und an denen das Regime – bei angemessener Unterwerfung unter seine Zielsetzung – durchaus Interesse hatte, um weltweit renommierte Repräsentanten deutscher Kultur international vorzeigen zu können, sahen sich – wie beispielsweise Thomas Mann – vor die Frage gestellt, ob sie das Risiko des Dableibens auf sich nehmen und die Solidarität mit geschätzten Kollegen und Freunden, die der unmittelbaren Bedrohung gewichen waren, hintanstellen sollten. „Verbrennt mich!" war aus vielerlei Erwägungen nicht nur die Parole von Oskar Maria Graf. Humaner Protest, extreme Bedrohung der Freiheit – die eine Grundbedingung kulturellen Lebens ist –, politische Ablehnung der früh sich abzeichnenden Barbarei: das waren, neben unmittelbarer politischer oder „rassischer" Verfolgung, auch bei den kulturellen Emigranten die Hauptmotive für das Verlassen des NS-Staates. Bei zahlreichen Emigranten verbanden sich jeweils mehrere Ursachen; der Zeitpunkt der Emigration konnte durch unterschiedliche Motive bestimmt sein oder auch durch äußere Faktoren, etwa den „Anschluß" Österreichs an das Deutsche Reich 1938, oder das Münchener Abkommen 1938 und die 1939 folgende Zerstörung des tschechoslowakischen Staates, die eine weitere Welle deutschsprachiger Emigration nach sich zogen. Oft genug erzwang drohende oder schon etablierte deutsche Besatzungsherrschaft während des Zweiten Weltkriegs die Weiterwanderung der Emigranten in Staaten, die außerhalb der Reichweite der NS-Diktatur lagen. Aus diesen Gründen blieben für die überwiegende Zahl der Emigranten viele europäische Länder lediglich Zwischenstationen ihrer Odyssee. Hauptzentren deutschsprachiger Kulturemigration wie Frankreich, die Niederlande und die Tschechoslowakei bildeten seit Beginn des Zweiten Weltkriegs Sprungbretter in die Neue Welt; vielen gelang dieser Sprung nicht, weil das erforderliche Visum nicht erteilt wurde: Anna Seghers hat in ihrem Roman *Transit* eindringlich beschrieben, wie die französische Hafenstadt Marseille zur Drehscheibe der erzwungenen Wanderung der Emigranten und nicht selten zu ihrem

Schicksal wurde. An Einzelschicksalen läßt sich nachvollziehen, wie sehr die Ungewißheit die Betroffenen belastete, ob ihnen rechtzeitig vor dem Zugriff der Deutschen oder auch kollaborierender Regierungen der Absprung gelingen würde. Walter Benjamin hat in solcher Situation Selbstmord begangen, und er war einer von vielen.

Wie unterschiedlich die Motive zum Verlassen des Deutschen Reichs im einzelnen gewesen sein mögen, im weiteren Sinne verdient auch die Kulturemigration das Prädikat „politisch", für die meisten der emigrierenden Wissenschaftler, Künstler und Schriftsteller bedeutete die Emigration nicht zuletzt einen Akt des Widerstands gegen den totalen Herrschaftsanspruch des NS-Regimes. Freilich darf diese Feststellung nicht dazu verleiten, die häufig in Emigrantenkreisen anzutreffende Formulierung „europäische Resistance" mißzuverstehen als eine in einzelnen Immigrationsländern oder gar über Ländergrenzen hinweg fest organisierte Bewegung mit einheitlicher Zielsetzung und homogenem Aufbau. Wenngleich es einheitliche Kristallisationspunkte für eine Aktivität dieser Art gegeben hat – beispielsweise die immer wieder aktualisierte Bedrohung durch das expandierende NS-Regime oder den Spanischen Bürgerkrieg 1936 –, so gilt doch für die kulturelle Emigration, mehr noch als für die in einzelnen Gruppen organisierten politischen Emigranten, das Charakteristikum äußerster Heterogenität, ja oft Gegensätzlichkeit. Der Grund lag nicht nur in unterschiedlicher materieller und beruflicher Ausgangslage der Betroffenen, nicht nur in ausgeprägter Individualität, sondern in differierender politischer Haltung, auch bei parteilosen Emigranten. Zahlreiche Emigranten gerieten nach der erzwungenen Auswanderung in tiefgehende soziale und politische Desorientierung. Sie bildeten in dieser Situation mehr oder weniger formelle Zirkel, die in der Regel auf gemeinsamen Überzeugungen oder alten Freundschaften beruhten, aber allein schon auf Grund der extremen Fluktuation kurzlebig blieben. Der unterschiedliche Grad und die differierende Fähigkeit zur kurzfristigen (wenngleich noch oberflächlichen) Integration in die Gastländer, die oft die Emigranten nur widerwillig und nur als Transiteure aufnahmen, verminderte den Zusammenhalt der Emigrantenzirkel weiter. Klaus Mann stellte in seinem Lebensbericht *Der Wendepunkt* dieses den Emigranten oft entgegenschlagende Unverständnis dar. Lion Feuchtwanger schilderte in seinem Roman *Exil* die internen Spannungen unter den kulturellen Emigranten. Tatsächlich existierte – anders als spätere Darstellungen häufig suggerieren – keine homogene deutsche Exilliteratur, sowenig wie die anderen Sektoren der Kulturemigration inhaltliche Homogenität aufwiesen. Auch die kulturelle Emigration ist präzis nur bestimmbar im Rekurs auf den Widerstand gegen das NS-Regime, die von ihm ausgehende unterschiedliche Bedrohung und die materiellen Bedingungen des Exildaseins.

Zur Definition des Begriffs „kulturelle Emigration" sind jenseits positiver inhaltlicher Zielsetzung einzelner Emigranten und Emigrantengruppen folgende konstituierende Faktoren relevant: die Kontur deutscher Intellektualität nach dem Ersten Weltkrieg, die kulturelle Situation im NS-Reich und schließlich der Versuch der Emigranten, mit Hilfe von Schriften, Aufrufen und Organisationsformen aller Art die Kultur in der Emigration als die eines anderen, besseren Deutschland darzustellen. Diese Zielsetzung war – ohne deshalb schon inhaltliche Übereinstimmung zu bewirken – den meisten kulturellen Unternehmungen gemeinsam, in ihr kumulierte der positive kulturelle Zweck, der zugleich in die Jahre vor 1933 zurück und in die Zeit nach 1945 vorauswies. Die Aktivität der Kulturemigranten erfolgte mit dem „Gesicht nach Deutschland" und richtete sich zugleich auf die jeweiligen Gastländer. Aber schon hier deuten sich weitere Hindernisse einer stringenten Definition an.

Die Voraussetzung dieser Heterogenität der Kulturemigration nach 1933 liegt zum einen im Charakter der Weimarer Kultur, die wesentlich durch spätere Emigranten mitgeprägt wurde, zum anderen in den Inhalten der NS-Polemik gegen diese Kultur.

Der brisante kulturelle Reichtum der Weimarer Jahre ist kaum auf einen inhaltlichen Nenner zu bringen, eher schon mit Hilfe formaler Kriterien greifbar: greifbar vor allem im durchgängigen Krisenbewußtsein und im revolutionären Impetus innerhalb der Kultur, die John Willett zuletzt treffend unter dem Stichwort *Explosion der Mitte* analysiert hat. Die durchgängige Konsequenz dieser Kultur aber war die Erosion der Mitte – oder auch, mit einem Wort Hans Sedlmayrs, der *Verlust der Mitte*. Zwar reichen dieses Krisenbewußtsein und die revolutionären Elemente bis weit vor 1914, ja bis ins 19. Jahrhundert zurück – Jacob Burckhardts Kulturpessimismus, Fin de siècle-Stimmung, faszinierte Verkündung drohenden Unheils durch Friedrich Nietzsche, früher Expressionismus: das sind nur einige der Symptome –, doch die Verschärfung und Kumulation dieser Tendenzen in den Zwanziger Jahren war eine Konsequenz des Ersten Weltkriegs. Die kulturelle Signatur der Zwanziger Jahre war die Entwicklung zum Extremismus, ihre Extreme bekannten sich auf ausschließende Weise zur Revolution: zur Konservativen Revolution auf der einen, zur sozialistischen Revolution auf der anderen Seite – beide gaben der Weimarer Republik von Beginn an keine Chance, in den Augen linker und rechter Revolutionsprotagonisten trug sie unübersehbare Merkmale von Übergang und Auflösung. Beide Positionen verbanden scharfsichtige Erkenntnis gesellschaftlicher, politischer und ideologischer Probleme mit der Diffamierung des bestehenden Staates und seiner politischen Träger. Im konservativ-revolutionären wie im marxistischen Denken schrumpfte die neue Republik zu einer bloßen Übergangsperiode zusammen, gleich wieviel Jahre sie überstehen würde. Vergangenheit und Zukunft zerdrückten den Staat von Weimar zur Episode von verschwindender Bedeutung. Doch waren die Konservativen Revolutionäre nicht bloße Agenten der Restauration: Wenngleich auch politisch reaktionäre Ziele unleugbar ihr Denken prägten, strebten sie doch zu neuen Ufern. Wie immer das „Dritte Reich" Arthur Moeller van den Brucks und seiner Gesinnungsgenossen aussehen mochte, es war nicht als einfache Wiederherstellung der untergegangenen Monarchie gedacht. Vielmehr erkannten die Konservativen Revolutionäre mit Carl Schmitt die Symptome verfassungsrechtlicher und politischer Krisenhaftigkeit, mit Oswald Spengler und Ernst Jünger die Bedeutung moderner Technik und die Veränderungen des Lebens infolge der Urbanisierung, schließlich auch fundamentale soziale Strukturwandlungen, wie sie Jünger in seinem Roman-Essay *Der Arbeiter* beschrieb.

Das Paradox erstreckte sich überdies auf die zukünftige Organisationsform von Politik und Herrschaft: Bei allem elitären Abscheu vor der erkannten Massenhaftigkeit des modernen Lebens vertraten manche dieser konservativ-revolutionären Feinde der Weimarer Demokratie einen Cäsarismus, dessen verhängnisvolle plebiszitäre Pointe Carl Schmitt nicht bloß scharfsinnig analysierte, sondern außerdem bejahte. Plebiszitärer Cäsarismus aber hatte mit Restauration der Hohenzollern-Monarchie nichts zu tun – unfruchtbar ist es, diesen verhängnisvollen Irrtum deutschnationaler und manch anderer Konservativer auch heute noch zu teilen: Den nachrevolutionären restaurativen Tendenzen der Zwanziger und frühen Dreißiger Jahre allein wäre die Weimarer Demokratie kaum erlegen, obgleich die Anhänger einer politischen Restauration zu ihren Totengräbern gehörten.

Und wie stand es auf der anderen Seite des kulturpolitischen Spektrums? Die intellektuelle Linke der Republik war dieser keineswegs besser gesonnen. Mag ihre Polemik auch differenzierter gewesen sein, die Tatsache ihrer Erfolglosigkeit angesichts der NS-Revolution, deren frühestes Opfer sie wurde, darf nicht darüber hinwegtäuschen, daß die Linksintellektuellen die 1918/19 begründete Republik ebenso bekämpften wie die Rechtsintellektuellen. Die Weimarer Republik bot der intellektuellen Linken – ihrer Verbitterung zum Trotz – manche Heimstatt: Der Staat von Weimar ging auch mit diesem Gegner pfleglich um, sein kultureller Reichtum rührte nicht zuletzt aus dieser Toleranz.

Aber hatten die bedeutenden Analytiker des Frankfurter Instituts für Sozialforschung – letztlich Produkt kapitalistischen Mäzenatentums und geistiger Aufgeschlossenheit für neue Problemstellungen, Themen und Methoden in der Sozialforschung – wirklich persönlichen Grund, das politische und sozialökonomische System von Weimar zu bekämpfen? Hatten Carl von Ossietzky und Siegfried Jacobssohn wirklich Grund genug, sich mit intellektuellem Hochmut über den sozialdemokratischen Reichspräsidenten Ebert zu mokieren, oder hat Hans Mayer tatsächlich Anlaß, im ersten Band seiner Erinnerungen *Ein Deutscher auf Widerruf* – geradezu postum – Otto Wels des Opportunismus zu bezichtigen? Jenen Otto Wels, der als Sprecher der SPD-Fraktion am 22. März im Deutschen Reichstag mutig die Ablehnung des Ermächtigungsgesetzes durch seine Partei begründete und so eine der wichtigsten – wenn auch erfolglosen – Reden in der Geschichte des deutschen Parlamentarismus hielt.

Wie dem auch sei, die Universität Frankfurt öffnete sich einer Zusammenarbeit mit dem fast ausschließlich linksstehenden Institut für Sozialforschung, dessen jeweiliger Direktor zugleich Ordinarius war. Die städtische Universität zu Köln betrieb unter der Ägide des Oberbürgermeisters Konrad Adenauer eine liberale Berufungspolitik, berief beispielsweise den sozialistischen Staatsrechtler und Vertreter der Reinen Rechtslehre, Hans Kelsen aus Wien, und mit dessen – ungedankter – Unterstützung den juristisch genialen und politisch fatalen Carl Schmitt. Der spätere Mitschöpfer der Sozialen Marktwirtschaft, Alfred Müller-Armack, hielt zusammen mit Helmuth Plessner sowie dem Volkswirt und Soziologen Erwin von Beckerath Marxismus-Seminare ab: Hans Mayer, der als „Roter Kämpfer" beim preußischen Staatsjuristen und Adenauer-Berater Fritz Stier-Somlo in Köln promovieren konnte, hat dieses geistige Leben jüngst instruktiv beschrieben.

Sicher besteht kein Grund, die Berufungspolitik der Weimarer Universitäten – die manche Karriere bedeutender Gelehrter aus politischen oder anderen wissenschaftsfremden Gründen verhinderte – zu idealisieren. Allzuviele Beispiele demonstrieren, wie wenig die Universitäten – weder Professoren noch Studenten! – als Institution ein Bollwerk oder auch nur ein Hort der Weimarer Demokratie gewesen sind: Es kam sogar vor, daß der Hauptredner der Berliner Universität – der Germanist Julius Petersen – gegen die Anwesenheit des sozialdemokratischen Reichspräsidenten Ebert bei der Festveranstaltung zu Gerhart Hauptmanns sechzigsten Geburtstag opponierte. Nur darum geht es hier: Zahlreiche linksgerichtete Gelehrte, Literaten, Künstler, Schriftsteller, Publizisten, die vor allem in der Reichshauptstadt – wenngleich nicht in ihrer Universität – dominierten, hatten erhebliche Wirkungsmöglichkeit: Sie dankten es der Republik ebensowenig wie die Konservativen Revolutionäre.

Auch die Verfechter sozialistischer Revolutionshoffnungen – die diese nicht selten für wissenschaftliche Erkenntnisse hielten – betrachteten den Staat von Weimar als verächtliches Produkt einer unvollendeten Revolution und des Übergangs. Gerade diese Intellektuellen aber trugen durch scharfsinnige Analysen gesellschaftlicher Probleme zur Begründung moderner Sozialforschung bei. Erinnert sei hier nur an Siegfried Kracauers Essays über *Die Angestellten* – die zuerst als Fortsetzungen in der liberalen *Frankfurter Zeitung* publiziert wurden –, Theodor Geigers Analysen über *Die soziale Schichtung des deutschen Volkes,* Siegfried Neumanns Analyse der Weimarer Parteien, Emil Lederers, Carl Grünbergs und einer Reihe weiterer Soziologen Arbeiten zu Problemen der gesellschaftlichen Entwicklung, zu denen auch die Darstellung des gewerblichen Proletariats des liberalen Nationalökonomen Goetz Briefs gehört. Nicht weniger scharfsinnig waren viele Kommentare und Kritiken zur Tagespolitik, die Kurt Tucholsky und andere in Ossietzkys Zeitschrift *Die Weltbühne* veröffentlichten. Zeitdiagnosen anderer Art – wenngleich von nicht geringerer Bedeutung – lieferten die Schriftsteller: Herman Broch stellte den „Zerfall der Werte" dar, Lion Feuchtwanger und Oskar Maria Graf den gesellschaftlichen Nährboden des Nationalsozialismus. Das „Politische Theater" Erwin Piscators und Bertolt Brechts beeinflußte die Meinung der intellektuellen Schichten.

Die hochstehende, von liberalem Geist geprägte Tagespublizistik beispielsweise des *Berliner Tageblatts,* der *Vossischen Zeitung* und der *Frankfurter Zeitung,* ging rücksichtsvoller mit der neuen Republik um als die scharfzüngige Linke, aber im ganzen gilt doch: im Chor der veröffentlichten Meinung hatte die Republik so oder so eine schlechte Presse. Die politisch gemäßigten Zeitschriften und Zeitungen – waren sie nun parteilos, liberal, sozialdemokratisch oder am politischen Katholizismus orientiert – blieben eine Minderheit, wie auch die politischen Parteien, die die Weimarer Demokratie 1919 begründet hatten – SPD, Zentrum und DDP – seit der ersten Reichstagswahl 1920 in der Minderheit blieben.

*Die Republik der Außenseiter* nannte Peter Gay sein Buch über die Intellektuellen in der Weimarer Republik. Und in der Tat: eine Republik der Außenseiter ist der Weimarer Staat gewesen, aber in bezug auf die Intellektuellen handelte es sich wohl kaum um eine verordnete Außenseiterstellung. Vielmehr akzeptierten weder die „neuen" Intellektuellen von links noch die von rechts die Republik, so wenig alte Bildungseliten aus dem Kaiserreich mit diesem Staat in der Regel etwas anzufangen wußten. Vernunftrepublikaner, wie den Historiker Friedrich Meinecke, gab es unter den Gelehrten, gab es unter Schriftstellern und Künstlern, etwa Thomas Mann und Max Liebermann. Sicher läßt sich auch diese Reihe um klangvolle Namen ergänzen, aber wie repräsentativ sind sie für das Verhältnis des Geistes von Weimar zur Republik?

Dieser Geist war im konkreten und allgemeinen Sinn überwiegend zeitkritisch, die scharfe Intellektualität diente der Analyse von Gesellschaft und Politik, wollte politisch sein und scherte sich doch wenig um die politischen Konsequenzen ihres Tuns. George Grosz zeichnete in beißenden Karikaturen die „herrschende Klasse": dabei erschienen Reichspräsident Ebert und Reichsaußenminister Stresemann – um nur diese beiden Vorkämpfer der Weimarer Republik zu nennen – im selben Licht wie die „Stützen der Gesellschaft" von vor 1918. Veranschaulichte John Heartfield in seinen Fotomontagen den heraufkommenden Nationalsozialismus, so dominierte die Kritik an der verhaßten kapitalistischen Gesellschaft, als deren Produkt er den Nationalsozialismus begriff: Die Unterschiede zu den ebenfalls bekämpften Weimarer Demokraten erkannte er nicht und wollte er nicht erkennen – bis die NS-Revolution 1933 auch dem Letzten klar werden ließ, wie kritiklos

die kritischen Geister alle, die nicht mit ihnen waren, identifiziert
sowie Gegner und Feinde ohne Unterschied bekämpft hatten.
Symptom einer Krise, war Intellektualität dieser Art zugleich die
scharfsichtigste Diagnose dieser Krise. In der kurzen Zeit ihres Be-
stehens ließen die Kritiker der Republik keine Zeit, sie kritisierten
sie nicht vom Boden der Demokratie aus, nicht mit kritischer Sympathie, sondern aus Feindschaft.

Der Geist von Weimar war, wie Walter Laqueur zutreffend bemerkt hat, in gewisser Weise unfähig zum Dialog: Die Linksintellektuellen nahmen von den Rechtsintellektuellen so wenig Notiz
wie diese von ihnen, die alte Bildungselite wußte ihrerseits mit dem
auch im künstlerischen Sinne revolutionären Geist der Kultur dieser Jahre wenig anzufangen; eher schon mit den Konservativen
Revolutionären von der Art Oswald Spenglers, doch spricht auch
in seinem Fall viel für die Vermutung, daß einzelne Schlagworte –
wie der Titel seines geschichtsphilosophischen Hauptwerks *Untergang des Abendlandes* – stärker gewirkt haben als die in vielem va-
gen politischen Ziele Spenglers. Die Linke wie die Rechte standen
sich in korrespondenzloser Polarität gegenüber und betätigten sich
in ihren Zirkeln – auf der Linken führte die masochistische Selbst-
reflexion zu immer neuen Zellteilungen: Als Scheidewasser wirkte
in aller Regel das Verhältnis zum offiziellen Parteikommunismus,
dessen Orthodoxie die bedeutendsten Köpfe der intellektuellen
Linken früher oder später ablehnten, da sie ihr kritisches Denken
zu sterilisieren drohte. Seit den ausgehenden Zwanziger und beginnenden Dreißiger Jahren kamen, neben politisch und wissenschaftlich begründeter Ablehnung der KPD, mehr und mehr Motive der Humanität ins Spiel, die stalinistischen Schauprozesse der
Dreißiger Jahre und der Hitler-Stalin-Pakt 1939 bewirkten bei
nicht wenigen Marxisten Ernüchterung. Und so ist es aufschlußreich, daß die Mehrzahl der kulturellen Emigranten, auch wenn
sie linksgerichtet waren, nicht in die Sowjetunion einwanderte;
über das Frankfurter Institut für Sozialforschung hat Martin Jay
bemerkt: das marxistische und antikapitalistisch orientierte Institut
sei bezeichnenderweise nicht in die kommunistische Sowjetunion,

sondern ins Zentrum der kapitalistischen Welt, nach New York, emigriert.

Und diese auf den ersten Blick begrenzte Feststellung trifft einen allgemeineren Tatbestand: Die kritischen Intellektuellen waren in einem stringenten Sinn auf die kritisierbare, krisengeschüttelte, unvollkommene Republik von Weimar, auf ihre gesellschaftlichen Probleme wie ihr kapitalistisches Wirtschaftssystem und sogar auf die Farblosigkeit ihrer politischen Führung angewiesen. Das kritische Vermögen der Linksintellektuellen entzündete sich an dieser Welt, aus der Polemik gegen den Weimarer Staat gewannen sie Brillanz jenseits von Gerechtigkeit oder Richtigkeit ihrer Aussagen: Ihre Qualität liegt in der Treffsicherheit gesellschaftlicher Kritik, nicht aber in politischer Konstruktivität. Politik wurde in Konsequenz des Marxschen Interpretationsmodells ohnehin im Vergleich zu Gesellschaft und Ökonomie unterschätzt. Es ist nicht zufällig, daß sich weder in der Emigration, noch in der Zeit nach 1945 eine hochstehende und zugleich politisch destruktive Publizistik dieser Art entfalten konnte. Der Todesstoß, den Goebbels dieser Publizistik versetzte, war nicht deshalb erfolgreich, weil ihre Protagonisten vertrieben, eingesperrt, mit Berufsverboten belegt oder ermordet wurden, sondern weil die NS-Revolution den Nährboden beseitigte, dem dieses kritische Potential entwachsen war, eben den Staat von Weimar.

Auf andere Weise – und im Hinblick auf die Fernwirkung nach 1945 sehr viel nachhaltiger – beseitigte der NS-Staat die Konservative Revolution: vor allem durch Etablierung einer radikalen Führerdiktatur, die alle in ähnliche Richtung gehenden Ziele der Konservativen Revolutionäre fundamental diskreditierte und den Umkreis dieser Ideen auch dann in seiner verheerenden Wirkung erkennen ließ, wenn sie nur scheinbar mit nationalsozialistischen Ressentiments und ideologischen Komponenten dieses Staates identisch waren. Ein Beispiel bietet die Postulierung einer Herrenrasse durch Spengler, die aber anders als im Nationalsozialismus keineswegs biologistisch begründet wurde.

Auf der anderen Seite bewirkte der Nationalsozialismus eine radikale Umstrukturierung gesellschaftlicher Hierarchie, eine soziale Revolution und Mobilisierung der Massen, die dem elitären Denken der Konservativen Revolution entgegenstand: Diese soziale Revolution zwang die Anhänger dieser Richtung entweder zum „Umdenken", zu Opportunismus, zu einer wie immer gearteten „inneren Emigration", oder trieb sie zur tatsächlichen Emigration, vor allem dann, wenn sie sich über den prinzipiell geistfeindlichen und inhumanen Charakter des Regimes und seiner Ideologie klar wurden. Zu den Emigranten zählten folglich – wenngleich in geringem Umfang – auch Angehörige der politischen Rechten und sogar ehemalige Nationalsozialisten. Im Ergebnis beseitigte die soziale Revolution des Nationalsozialismus auch die gesellschaftliche Basis der konservativ-revolutionären Intellektuellen, die ebenfalls aus dem Weimarer Nährboden ihre Kräfte zogen.

## Der Nationalsozialismus und die Weimarer Kultur

Auch der Nationalsozialismus war Produkt der Krise, Resultat fundamentaler Erschütterung sowie gesellschaftlicher, politischer und moralischer Desorientierung, doch stellte er keine *geistige* Reaktion auf die Krise dar, wie im Fall der linken und rechten Intellektuellen, auch bildete die NS-Ideologie keine Form human-moralischen Protestes, wie er mehr oder weniger die intellektuelle Linke antrieb. Viel eher sozialpsychologisch erklärbar, lebte der Nationalsozialismus von antiintellektuellen und antibürgerlichen Ressentiments, die die überkommenen ethischen Fundamente der Gesellschaft radikal in Frage stellten. Die Nationalsozialisten teilten mit den Revolutionären von links und rechts jedoch die Verachtung für die Weimarer Demokratie, teilten mit antisemitischer Pointe ihren Antikapitalismus – wenngleich in einer unreflektierten und alles andere als rational-programmatischen Form, die mehr oder minder die verschiedenen Varianten des Marxismus kennzeichnet. Aber der Nationalsozialismus war, in einem anderen Sinne als gewöhnlich dargestellt, die Massenbewegung einer zum Extremismus getriebenen Mitte: Kulturpolitisch verfocht er ein Geschmacksideal biederer, harmonisierender, „natürlicher"

Durchschnittlichkeit, in manchem dem Sozialistischen Realismus sowjetischer Prägung verwandt. Daneben standen expansionistische Schriften wie Hans Grimms *Volk ohne Raum* oder die Selbstüberhöhung im Monumentalismus der Herrschaftsarchitektur – beispielsweise den Bauten des Nürnberger Parteitagsgeländes oder den Planungen Albert Speers für die Reichshauptstadt. Ein Vergleich der nichtssagenden Aktbilder von NS-Malern mit solchen der Weimarer Zeit, bzw. exilierten Künstlern, demonstriert, wie sehr ein durchschnittliches Geschmacksbewußtsein – „gesundes Volksempfinden" – die Polemik offizieller NS-Kulturpolitik gegen dekadente und „entartete" Kunst billigen mußte. Farblich und räumlich Neuland erschließende Maler wie Max Beckmann und Ernst Ludwig Kirchner mußten auf eine derartige „Kunstpolitik" provokativ wirken, für deren „Geschmack" waren sie zu kritisch, zu aggressiv, zu problematisierend.

Doch hätte ein solcher Kontrast nicht notwendig zur Vernichtung bzw. Vertreibung der Weimarer Kultur führen müssen, wenn die NS-Kulturpolitik lediglich Einfalt an die Stelle von Vielfalt gesetzt hätte. Vielmehr erwuchs diese fundamentale Feindschaft der NS-Ideologen gegen die kulturelle Elite der Zwanziger Jahre aus der Verwechslung von Ursache und Wirkung: Für die Krise der Gegenwart und ihre an die Wurzel des bürgerlichen Lebensgefühls und der Lebenssicherheit gehende Erschütterung machten die Nationalsozialisten vor allem die Diagnostiker dieser Krise verantwortlich. Das war um so leichter, als sich die Scharfsicht der Weimarer Intellektuellen mit der Lust am vermeintlichen Untergang der kapitalistischen Gesellschaft verband. Unterschiedslos identifizierte die NS-Kulturpolitik Kommunisten, Marxisten, Sozialdemokraten, Liberale, Juden als Exponenten der russischen Oktoberrevolution in Deutschland, die sie für die Probleme der Moderne verantwortlich machten. Nationalsozialisten und auch Konservative Revolutionäre wiesen dem Bolschewismus alle diejenigen als Anhänger zu, die sie als Feinde betrachteten. Feinde aber bekämpfte man bis zur physischen Vernichtung. Die antiintellektuellen und rassistischen Ressentiments lieferten den Nährboden für die Formen, mit denen die NS-Herrschaft der Unheimlichkeit und

Unwirtlichkeit der modernen Welt beizukommen suchte. Gegen das „Dickicht der Städte" (Bertolt Brecht), gegen ihre Lebensform, in der sich Kunst und Künstlichkeit verbanden, setzten sie eine natürliche Identifikation bietende „Blut und Boden"-Metaphysik, die vielen als ein Zurück zur Natur erscheinen konnte. Unter den als „Asphaltliteraten" attackierten Schriftstellern, Künstlern und Sozialwissenschaftlern von scharfer, heimatloser Intellektualität entdeckten die Nationalsozialisten auffällig viele Juden: Sie verkörperten das Fremde, Unheimliche, nicht heimatlichem Boden Entwachsene, die Stadt gegen das Land: die Stadt, die in der Regel politische Hochburg von Sozialdemokraten und Kommunisten war, wenn sie nicht aus landsmannschaftlichen und konfessionellen Gründen durch den Politischen Katholizismus geprägt wurde.

Gegen den Weimarer Liberalismus und Pluralismus in der Kulturpolitik setzten die Nationalsozialisten den totalen Geltungsanspruch ihrer Ressentiments und Ideologismen. Er korrespondierte dem in dieser Hinsicht nicht weniger totalen Herrschaftsanspruch der bolschewistischen Diktatur in Rußland, dessen vermeintliche Anhänger man in Deutschland vernichten wollte.

Der durchgängig humanitäre Anspruch der linken Intellektuellen verstärkte paradoxerweise die nationalsozialistische Feindschaft, war doch das Selbstverständnis der NS-Ideologie ausdrücklich biologistisch und barbarisch. Sprachgebrauch und Terrorpraxis demonstrieren das bereits vor 1933 nur allzu deutlich – in der Ideologie und im Verbalradikalismus, nicht aber in der Praxis, finden sich Analogien bei Konservativen Revolutionären. Die prinzipielle Feindschaft des Nationalsozialismus zwang also die betroffenen Intellektuellen und Künstler zur Emigration, wollten sie nicht ihr Leben aufs Spiel setzen.

Die hier skizzierte Struktur kulturellen Lebens in der Weimarer Republik bewirkte zwangsläufig den fortdauernden Pluralismus innerhalb der Kulturemigration: Eine Vielzahl idealler Schattierungen charakterisierte während des Exils auch die intellektuelle Linke – ganz zu schweigen von den Gegensätzen zwischen katholischen, konservativen, liberalen, sozialdemokratischen und kommunistischen Emigranten.

Schon die rückschauend betrachtet kurze Zeitspanne des eigentlichen Exils, deren einainhalb Jahrzehnte freilich für die Betroffenen lang erscheinen mußten und schwerste persönliche Folgen selbst für die Überlebenden hatten, legt es nahe, die kulturelle Emigration definitorisch nicht abzukoppeln von der Vorgeschichte bis 1933 und der Nachgeschichte seit 1945. Die kulturelle Emigration bildet insofern keine eigenständige kulturgeschichtliche Epoche, ihre Konstituierung und ihre Wirkung müssen ebenso angemessen berücksichtigt werden wie die Tatsache, daß sie Teil der deutschsprachigen Kultur im 20. Jahrhundert ist. Auch die Kulturemigration ist nicht abzutrennen von dem Regime, das sie erzwang, nicht abzutrennen von den unterschiedlichen Aufnahmebedingungen und Akkulturationsmöglichkeiten in den Immigrationsländern bzw. den meist überseeischen Endstationen der Wanderung, die in diesem Rahmen aber kaum behandelt werden können.

Über das Verhältnis zum NS-Staat und demjenigen Teil der kulturellen Elite, der nicht emigrierte, sind einige Bemerkungen erforderlich. Dabei ist auch die Frage zu klären, inwieweit die kulturelle Emigration, wie die NS-Propagandisten suggerierten, „jüdische" Kultur gewesen ist, bzw. in welchem Maße sie dies überhaupt gewesen sein kann. Diese Frage ist insofern von Belang, als sie mehr ist als ein Ernstnehmen nationalsozialistischer Diffamierung, vielmehr hat sie auch Spuren im Selbstverständnis der jüdischen Kulturemigration hinterlassen, weil ein beträchtlicher Teil dieser Personengruppe sich auf Grund von NS-Bedrohung und Exil in einem spezifischen Sinn erst auf ihre jüdische Herkunft besann – noch vor kurzem hat Raymond Aron diesen Zusammenhang in bezug auf sein eigenes Verhältnis zum Judentum bestätigt. Das aber besagt: Besinnung auf jüdische Kulturidentität in diesem Personenkreis war für viele Juden nicht Ursache, sondern Folge der Lebensbedrohung.

Die generelle Einschätzung, unter der emigrierenden kulturellen Elite sei im Vergleich zum Bevölkerungsanteil ein überproportionaler Anteil an Menschen jüdischer Herkunft gewesen, trifft in der Tat zu. Diese Feststellung gilt insbesondere für den Bereich der Sozialforschung. Es war kein Zufall, daß Theodor Wiesengrund

Adorno bei seinem erst in New York erfolgenden Eintritt in das Frankfurter Institut für Sozialforschung gebeten wurde, den jüdisch klingenden Teil seines Namens (Wiesengrund) wegzulassen, weil das Institut bereits zu viele jüdische Namen aufweise. Adorno entsprach diesem Wunsch einer keineswegs antisemitischen, sondern selbst im weiteren Sinne der Herkunft jüdischen Institutsleitung.

Ein weiteres Charakteristikum kam hinzu: Die Mitglieder des Instituts für Sozialforschung waren – obgleich sie sich parteipolitischer Aktivitäten in der Regel enthielten – nahezu ausnahmslos Marxisten. Die Mehrzahl war zwar unorthodox, doch gab es auch orthodoxe KPD-Mitglieder unter ihnen. Jüdische Herkunft und politische Überzeugung sind also zu gewichten. Für viele Mitarbeiter des Instituts spielte der religiöse Gehalt des Judentums kaum eine Rolle, nicht selten dürften sie – wie die Marxisten katholischer oder protestantischer Herkunft auch – Atheisten gewesen sein. Max Horkheimers Religiosität wurde erst in seinen späteren Jahren offenkundig. Er war in einem bewußt jüdischen Elternhaus aufgewachsen, doch bedeutete ihm das Judentum in seinen frühen und mittleren Jahren nicht so viel, daß er aus der Abneigung seiner Eltern gegen die Heirat einer nichtjüdischen Frau Konsequenzen gezogen hätte. Für viele andere Mitglieder dieser Gruppe von Sozialphilosophen gilt, daß sie entweder nur einen jüdischen Elternteil hatten, beispielsweise Adorno, oder aber bereits ihre Vorfahren assimiliert waren.

Allein schon diese wenigen Tatbestände schränken die Möglichkeit ein, im Hinblick auf die deutschsprachige kulturelle Elite in einem konkretisierbaren Sinn von jüdischer Kultur zu reden. Das gilt in verstärktem Maße, wenn die prägenden Erfahrungen ihrer Sozialisation berücksichtigt werden: Die Mehrzahl der hier exemplarisch genannten Mitarbeiter des Instituts für Sozialforschung war durch die Philosophie des deutschen Idealismus geprägt worden, vor allem von Hegel. Zu den das Denken Horkheimers beeinflussenden Philosophen zählten neben Hegel vor allem Kant – dessen Interpretation Horkheimers Dissertation und Habilitationsschrift galt –, Schopenhauer und Marx, also nur ein Philosoph jüdischer Herkunft, der aber permanent gegen diese polemisierte. Doch geht es weniger um solche Zurechnungen als um die Tatsache, daß ein Großteil der genannten deutschen Emigranten jüdischer Herkunft mindestens ebensosehr durch den Kulturkreis ihres Heimatlandes geprägt wurde wie durch genuin jüdische Traditionen. Zwar befruchteten diese Traditionen ihr Denken ebenfalls, aber eben nur als *ein* Konstituens ihrer kulturellen Identität.

Eine Sondergruppe bildeten diejenigen zur kulturellen Elite zählenden jüdischen Emigranten, die bewußt an ihrer Konfession schon vor 1933 festgehalten hatten bzw. Zionisten waren, beispielsweise Martin Buber und Gershom Scholem. Scholem hat in zwei Erinnerungsbüchern – *Von Berlin nach Jerusalem* und *Walter Benjamin – die Geschichte einer Freundschaft* – über den persönlichen Weg zum Zionismus in deutscher Umwelt schon vor der NS-Diktatur berichtet: Dieser Personenkreis machte einen Teil der Kulturemigration aus, nicht aber ihre Gesamtheit. Die kulturelle Emigration war also trotz ihres hohen Anteils an Menschen jüdischer oder teilweise jüdischer Herkunft nicht einfach jüdische Emigration im Sinne einer kulturellen oder nationalen Identität, und sie konnte dies auf Grund ihrer Entstehungsbedingungen auch nicht sein. In einem biologistischen Sinne – der im übrigen den nationalsozialistischen Nürnberger Gesetzen entsprechen würde – kann in diesem Zusammenhang ohnehin nicht von „jüdischer" Kultur gesprochen werden.

Trotzdem bedarf der hohe Anteil der Emigranten jüdischer Herkunft einer Erklärung. Sie ist vor allem in zwei Richtungen zu suchen: zum einen in der Bedrohung durch die NS-Diktatur, zum anderen in einer spezifischen Form wissenschaftlichen Interesses bei den Genannten. Die Antwort auf die erste Frage ist leicht zu geben, enthält sie doch bloße Faktenfeststellungen. Auf Grund des terroristischen Antisemitismus der NS-Diktatur waren alle Juden mehr oder weniger früh bedroht, insbesondere diejenigen, die als Exponenten der verhaßten Weimarer Republik galten, selbst wenn sie dieser auf Grund ihrer marxistischen oder auch deutschnationalen Überzeugung, wie dargelegt worden ist, keineswegs freundlich gegenüberstanden. Diese Feindschaft der neuen Machthaber traf selbst die ehemaligen jüdischen Frontkämpfer aus dem Ersten Weltkrieg, die meist national, häufig auch nationalistisch gesonnen waren. Doch ging solche Paradoxie der NS-Kulturpolitik nicht auf. Mit anderen Worten: Juden, oder solche, die auf Grund ihres Namens oder einer biologistischen Prämisse zu Juden erklärt wurden, waren in erheblich höherem Maße gefährdet als diejenigen, die zum „arischen" Teil der kulturellen Elite gezählt wurden. In geringstem Maße waren jene bedroht, die die Nationalsozialisten nicht zu den „Kulturbolschewisten" rechneten. Das wurde zwar keineswegs von allen Intellektuellen und Künstlern als Kompliment empfunden, wie der eingangs zitierte Aufruf von Oskar Maria Graf demonstriert, doch darf diese Tatsache nicht zu der Schlußfolgerung verleiten, nur diejenigen seien zur kulturellen Elite zu zählen, die von den neuen Machthabern als „Kulturbolschewisten" diffamiert wurden. Es gab auch nach 1933 Sektoren kulturellen Lebens, die die NS-Herrschaft weniger tangierte. Auf Grund dieser Konstellation – insbesondere also der akuten Gefährdung – mußte der Anteil derjenigen, die Juden waren oder von den Nationalsozialisten zu solchen erklärt wurden, in der Kulturemigration größer sein, als es dem Bevölkerungsanteil entsprochen hätte.

Der zweite Grund des hohen jüdischen Anteils der Kulturemigration ist schwieriger zu bestimmen: Seine Feststellung bleibt notwendig spekulativ, sofern sie in sachlicher Bewertung wissenschaftlicher und künstlerischer Arbeit mündet. Auszugehen ist von einer doppelten Voraussetzung: Die über Jahrhunderte währenden Einschränkungen der Berufsmöglichkeiten für Juden hatten Schwerpunktbildungen zur Folge, unter anderem einen hohen Anteil der Juden in intellektuellen und künstlerischen Berufen. Die bis 1918 im Deutschen Reich ungleichen Berufschancen, die außer Juden und Sozialdemokraten partiell auch Katholiken trafen, verstärkten für nicht-assimilierte Juden den Trend zu akademischen Berufen außerhalb des Staatsdienstes. Dabei ist zu bedenken, daß viele der Intellektuellen jüdischer Herkunft aus städtischen wohlhabenden Fabrikanten- und Kaufmannsfamilien stammten. Aus dieser Familientradition auszubrechen, die in der gesellschaftlichen Umwelt oft als spezifisch jüdisch galt, war zwar nicht unbedingt ein gesellschaftlicher Aufstieg, ermöglichte aber durch die Akademisierung einen Ausbruch aus der von vornherein als jüdische Diaspora identifizierten Welt. Diese Familien- und Lebenserfahrung, ein latenter und zuweilen offener (allerdings keineswegs auf Deutschland beschränkter) Antisemitismus, schärfte für diejenigen, deren Assimilation nicht bereits Generationen zurücklag, die Reflexion über die Identifizierung der eigenen gesellschaftlichen Existenz und damit das Interesse an gesellschaftlichen Problemen überhaupt. Anders gewendet: Die gesellschaftliche Sensibilität erhöhte sich bei denen, die die persönlich prägende Erfahrung gemacht hatten, daß sie selbst oder ihre Vorfahren einer gesellschaftlichen Minderheit angehörten – zumal dann, wenn sie Diskriminierungen gewärtigen mußten. Solche Wirkungen sind zu berücksichtigen, obwohl ein erheblicher Teil dieser Juden im Laufe des 19. und frühen 20. Jahrhunderts in die obere Mittelschicht der Gesellschaft integriert worden war und sich deren nationales und bürgerliches Normensystem mehr oder weniger stark zu eigen gemacht, also deutsche Identität gewonnen hatte.

Diese Interpretation wird durch die Autobiographien zahlreicher Angehöriger der kulturellen Elite jüdischer Herkunft gestützt. Eine Erklärung dieser Art hat erhebliche Plausibilität, kann aber naturgemäß keine sozialwissenschaftliche Repräsentativität beanspruchen, sind solche Aussagen doch aus dem Selbstverständnis derjenigen gewonnen, die ihren eigenen Bildungsgang unter dem Eindruck fundamentaler Entwurzelung durch die nationalsozialistische Bedrohung interpretierten. Und hier liegt dann auch eine mögliche Antwort auf die Frage nach der Identität deutschsprachiger Kulturemigration: Sie hatte gewiß Identitätsmuster, aber diese Identitätsmuster sind mit einer Ausnahme – der Gegnerschaft zur NS-Diktatur – kaum dominierend, sondern konkurrierend. Diese konkurrierenden Identitäten konnten regiliöser oder politischer Art sein, konnten einem kosmopolitischen Humanitätsideal als Antwort auf nationalistische Hybris entspringen und sich selber als nationale Antwort verstehen, beispielsweise bei den Zionisten. Nicht selten hatten sie das Ziel, die kulturellen und humanitären

Werte des „anderen" Deutschland gegen die Barbarei des Nationalsozialismus zu repräsentieren. Gemeinsam aber blieb den meisten Wissenschaftlern, Künstlern und Literaten auch in der Emigration die Verwurzelung in deutscher Sprache und Kultur. Zwar gab und gibt es bis heute diejenigen – vor allem zionistische Emigranten –, die sich strikt weigern, die deutsche Sprache zu benutzen, weil sie in ihr die Sprache Hitlers sehen – obwohl dieser sie wahrlich nicht gut beherrschte. Aber die große Mehrzahl der Emigranten jüdischer Herkunft lehnen und lehnten es doch ab, sich durch die Nationalsozialisten die Sprache Goethes und Heines nehmen zu lassen. Und in diesem Sinne weigerte sich Max Horkheimer strikt, die *Zeitschrift für Sozialforschung* in englischer Sprache erscheinen zu lassen. Englischsprachige Beiträge blieben bis 1940 die Ausnahme. Doch konnten auch Autoren, die in vielerlei Hinsicht die deutsche Tradition, der sie entstammten, kritischer beurteilten, ihr nicht entrinnen: Bezeichnend ist die Bemerkung Theodor W. Adornos, er kehre nicht nach Deutschland zurück, weil er Deutschland liebe, sondern weil sein Philosophieren auf die deutsche Sprache angewiesen sei und er folglich nur hier auf Rezeption, Resonanz und Dialog rechnen konnte. Naturgemäß gilt eine solche Feststellung in erhöhtem Maße für diejenigen Sektoren der Kulturemigration, deren Produktivität sprachliche Produktivität war, also Philosophie und Literatur. Allerdings existierten Ausnahmen einer neu gewonnenen Zweisprachigkeit – in der Wissenschaft eher als in der Literatur.

Die Bilanz vorstehender Überlegungen lautet: Die kulturelle Identität der Emigration war in vielfältigster Weise gebrochen, sie ist weder als „jüdisch" noch in anderer Weise eindeutig identifizierbar; dominant blieb einzig die Herkunft aus der kulturellen Tradition des deutschsprachigen Raums, wenngleich schon hier im Sinne der Weimarer Pluralität konkurrierende Identitäten prägend waren. Die Rückbezüglichkeit auf deutsche Kultur einerseits, andererseits der Zwang, oft auch der Wille zur Akkulturation im Gastland, bei der neue nationale Identitäten gewonnen werden mußten, erlangten schließlich unabweisbare Entscheidungsqualität, als sich nach Ende der NS-Diktatur die Frage der Rückkehr stellte.

## Kultur in der NS-Diktatur?

Für die Beantwortung der Frage „Rückkehr – ja oder nein?" war ebenso wie für die kulturellen Aktivitäten des Exils die Antwort auf eine andere Frage bedeutsam: Wie verhielt es sich mit der Kultur im NS-Staat? Existierte außer staatlich verordneter „Unkultur", außer mehr oder weniger stark nationalsozialistisch infiziertem Schrifttum auch noch anderes? Schließlich: Wie war die Stellung des zurückgebliebenen Teils der kulturellen Elite gegenüber den Emigranten?

Ziel der NS-Diktatur war zweifellos, an die Stelle der verhaßten Weimarer Kultur gleichgeschaltete NS-Ideologie zu setzen; dieses Ziel war nur durch Vertreibung oder Ausrottung eines beträchtlichen Teils der kulturellen Elite Weimars erreichbar. Die damit erfolgende Schädigung des kulturellen Lebens ersetzte geistige Brisanz durch ideologisch verkürzte und dogmatisierte Tristesse. Trotz des auch im ideellen Sinne totalen Anspruchs erreichten die Machthaber ihr Ziel nicht vollkommen und wollten im übrigen aus Gründen des Prestiges im In- und Ausland, sowie wegen der als notwendig angesehenen Verteidigung gegen die scharfe Kritik der deutschen Emigranten am NS-Staat, vorweisbare Gelehrte und Künstler von Rang behalten; ihnen wurde deswegen ein gewisser Freiraum gewährt. Darüberhinaus gab es Bereiche, in denen selbst Joseph Goebbels auf künstlerisches Niveau Wert legte, weil es für die NS-Propaganda verwertbar war – vor allem im Bereich des Films: Trotz agitatorischer Zweckbestimmung und häufig fataler politischer Pointen gelang es der NS-Kulturpolitik, Filme von hoher künstlerischer Qualität produzieren zu lassen. Neben der mehr oder weniger erzwungenen Anpassung und neben Opportunismus sind in der Kultur des NS-Staates Aktivitäten von überzeugten Parteigängern, mehr oder weniger „unpolitische" Residuen in einer Reihe wissenschaftlicher Disziplinen, Resistenz, mehr oder weniger geheime oder indirekte Opposition sowie schließlich Formen „Innerer Emigration" auszumachen. Daneben befolgten nicht wenige Angehörige der kulturellen Elite, wie in anderen Bereichen auch, die Maxime: Wir bleiben auf unserem Posten, um wenigstens in Grenzen kulturelle Aktivitäten zu erhalten, die diesen Namen verdienen. Dieses Selbstverständnis, mag es zuweilen individuellen Rechtfertigungsbemühungen, zuweilen aber auch achtbarer Überzeugung entsprungen sein, wirkte politisch zugunsten des Regimes und damit verhängnisvoll – selbst dann, wenn im einzelnen auf diese Weise der intendierte Erfolg erzielt werden konnte. Und nicht zu unterschätzen ist, welche Wirkungen solche kulturellen Residuen auf den kunstinteressierten Teil der Bevölkerung hatten: Es war weiterhin möglich, Goethe und Schiller auf der Bühne, Beethoven und Bach im Konzert, Rembrandt im Museum zu erleben – konnte das NS-Regime denn wirklich so kulturfeindlich sein? Diese Verharmlosung machten viele sich leicht. Kultur konnte so zum Alibi werden.

In der Regel galt: Auf denjenigen Feldern, auf denen die Nationalsozialisten bzw. ihre Kulturfunktionäre aus ideologischen oder persönlichen Motiven eigenen Ehrgeiz entwickelten, blieb für freie Kunst und Literatur kein oder doch nur sehr geringer Spielraum. Sicher gab es Rückzugspositionen, etwa in Musik und Theater. Auch nach 1933 blieb in ihnen oft große Kunst möglich, wenn dem Regime an solchen Künstlern aus den erwähnten propagandistischen Erwägungen gelegen war und diese Künstler geschickt ihre Chance nutzten. Ein berühmtes Beispiel ist der Schauspieler, Regisseur und Staatstheaterintendant Gustaf Gründgens. Andere, die ähnliche Erfolge erzielten, ließen sich zu größeren Kompromissen gegenüber dem Regime nötigen als Gründgens, und ohne wie dieser ihre Stellung für vom NS-Regime Verfolgte nutzbar zu machen, zum Beispiel der Komponist Richard Strauss und der Dirigent Wilhelm Furtwängler. Es muß auch bedacht werden, welchen Hemmnissen sich auf Grund der Fremdsprachigkeit gerade Theaterleute im Ausland gegenübersahen: Verzicht auf Emigration, wenn sie sich vermeiden ließ, stellte eine häufig gezogene Konsequenz dar. Im übrigen war die Versuchung groß, in einem Staat zu bleiben, der begabten Schauspielern durch virtuose Förderung des Films erhebliche Chancen bot – Chancen, die in diesem Fall eine künstlerische Herausforderung bedeuteten, wie die Leistungen von Heinrich George und Emil Jannings demonstrieren. Siegfried Kracauer hat in seinem im Exil verfaßten fundamentalen Werk *From Caligari to Hitler: A Psychological History of the German Film* (1947) die soziologischen Voraussetzungen analysiert.

In bezug auf die Literatur lassen sich ähnliche Beispiele nennen, wenngleich die Möglichkeiten in mancherlei Hinsicht begrenzter waren: Deutsche Klassiker zu inszenieren, zum Beispiel Dramen Schillers, deren Tyrannenkritik von den Zuschauern als aktuelle Anspielung und insofern verhüllte Kritik verstanden werden konnte, war leichter möglich, als vergleichbare Aussagen dichterisch neu zu formulieren und so den Verdacht der Kulturfunktionäre und damit Unterdrückung durch das Regime zu provozieren. Gleichwohl blieben eine Reihe bedeutender Dichter nichtjüdischer Herkunft im NS-Staat zurück, manche mit zumindest zeitweiliger Sympathie für das Regime, wie Gottfried Benn, der gleichwohl am 18. März 1938 Publikationsverbot erhielt. Andere – z.B. Gerhart Hauptmann – erwiesen sich anfällig für Ehrungen durch die NS-Kulturpolitik.

Wieder andere, die wie Ernst Jünger zu den scharfen Kritikern der Weimarer Republik innerhalb der Konservativen Revolution zählten, schlossen nach 1933 mit dem Regime keine Kompromisse. Und schließlich sind diejenigen Autoren zu erwähnen, die Deutschland zwar nicht verlassen hatten, sich unter dem totalitären Regime aber in einer Art „innerer Emigration" fühlten: Elisabeth Langgässer, Gertrud von Le Fort, Erich Kästner, Frank Thieß, Oskar Loerke, Werner Bergengruen, Reinhold Schneider, Jochen Klepper, um nur diese zu nennen. Offene Kritik war ihnen unmöglich, wollten sie sich nicht selbst gefährden. Viele der verbliebenen, mit dem Regime nicht sympathisierenden Schriftsteller veröffentlichten in diesen zwölf Jahren der Diktatur nur noch wenig, oder aber Unverfängliches; selten erschienen Werke, die die Leser als verschlüsselte Regimekritik verstehen mochten, gleich ob sie als solche intendiert waren – beispielsweise Jüngers *Auf den Marmorklippen.* In bezug auf zahlreiche junge Autoren, die erst nach der NS-Revolution zu schreiben begannen, ist die Einschätzung komplexer: Unter der Voraussetzung, daß ihre Experimente ästhetischer Natur waren und nicht als kritische politische Aussage erkennbar wurden, konnten sie von ihrer Unbekanntheit profitieren. Sie wuchsen von vornherein in einem „gespaltenen Bewußtsein" auf, wie Hans Dieter Schäfer jüngst bemerkt hat. In jedem Fall realisierten die im NS-Reich verbliebenen nicht-nationalsozialistischen Autoren in ästhetischer und thematischer Hinsicht andere Möglichkeiten deutscher Literatur im 20. Jahrhundert als die Exilschriftsteller, die auf der einen Seite durch ihre Herkunft aus der Weimarer Kultur, auf der anderen durch die Erfahrung des Exils und in selteneren Fällen von Stil und Thematik anderer Nationalliteraturen geprägt wurden.

Im Prinzip gilt für Literatur und Kunst: Die charakteristischen Merkmale Weimarer kulturellen Lebens fanden sich mit bezeichnenden Abstrichen in der Exilkultur, nicht aber mehr im NS-Staat. In ihm nahm man von den literarischen Werken exilierter Autoren wenig oder gar keine Notiz. Gerade die nachträgliche Äußerung eines sonst so gebildeten und feinsinnigen homme de lettres wie Wilhelm Hausenstein enthüllt unfreiwillig diesen Tatbestand: „Ich wage zu bezweifeln, ob in der Emigration viel geschrieben worden ist, das dieser Erzählung [gemeint ist: Stefan Andres' *Wir sind Utopia*] an Rang gleichkommt". Hausenstein wäre wohl kaum zu diesem Urteil gelangt, hätte er die im Exil entstandenen Werke von Thomas und Heinrich Mann, von Bertolt Brecht oder Anna Seghers gelesen, um nur diese zu nennen. Aber seine Bewertung demonstriert einmal mehr, daß sich die oben erwähnte Unfähigkeit zu einem über die Grenzen der Gesinnungsgenossen hinausreichenden Dialog, die die Weimarer Kultur charakterisierte, auf andere Weise fortsetzte. Übrigens nicht nur im Bereich der Dichtung, auch in manchen geisteswissenschaftlichen und sozialwissenschaftlichen Disziplinen ist ähnliches zu beobachten: Nicht wenige Gelehrte gab es, die trotz großer Zitierfreude immer nur die wissenschaftspolitisch verwandten Geister zu Wort kommen ließen; insofern erlebte auch die gelehrte Produktion der Emigranten (und umgekehrt) eine sehr verspätete und oft nur partielle Rezeption. In jedem Fall sprach man – von Diffamierungen durch NS-Kulturfunktionäre abgesehen – über Exilliteratur sehr viel weniger als über französische und amerikanische zeitgenössische Autoren, die bis Ende der Dreißiger Jahre noch in großer Zahl ins Deutsche übersetzt und im NS-Staat publiziert wurden: anfangs noch Sinclair Lewis, später William Faulkner, Ernest Hemingway, Thornton Wilder, Thomas Wolfe, sowie zahlreiche Schriftsteller der gehobenen Unterhaltungsliteratur. Auch französische Autoren von Rang erlebten noch deutsche Übersetzungen: André Maurois, Henry de Montherlant, Jules Romains, Georges Bernanos, Paul Claudel, Antoine de Saint-Exupéry, um nur einige der wichtigeren Autoren zu erwähnen.

Noch in anderer Hinsicht wies die Realisierung des totalitären Anspruchs Löcher auf: So konnten bis 1935 immerhin vier der sechs Bände von Franz Kafkas Gesammelten Schriften erscheinen. Nach dem Verbot brachte Schocken unter dem Decknamen eines in Prag residierenden Verlages auch noch die beiden weiteren Bände heraus (Volker Dahm). Die Reihe der Beispiele ließe sich verlängern: Werke verfemter oder mißliebiger Autoren konnten noch eine Reihe von Jahren in Deutschland veröffentlicht werden und blieben oft auch durch Restauflagen im Handel erhältlich.

Allerdings sind innerhalb der NS-Kulturpolitik Phasen erkennbar: Schon vor dem mit der sogenannten Reichskristallnacht am 9. November 1938 eingeleiteten Terror, der die Verfolgung verstärkte und eine weitere Emigrationswelle von Menschen jüdischer Herkunft auslöste, intensivierten sich die kulturpolitischen Direktiven und die Zensur: Im Jahre 1937 hielt Hitler in München und in Nürnberg zwei programmatische Reden zur NS-Kulturpolitik, in denen er wieder einmal einen „unabänderlichen Entschluß" kundgab: Er werde „genauso wie auf dem Gebiet der politischen Verwirrung nunmehr auch . . . mit den Phrasen im deutschen Kulturleben aufräumen". In den folgenden Jahren 1938/39 verschärfte sich die Kontrolle belletristischer Zeitschriften wie der literarischen Produktion überhaupt: Angst vieler Autoren, Einschränkung der Produktion und Vorsicht der Verleger bildeten die Reaktion.

Eine Reihe jüngerer Autoren, die nach 1945 eine bedeutendere Rolle in der deutschen Nachkriegsliteratur spielen sollten und die sich während der NS-Herrschaft für kurze oder längere Zeit im Ausland aufhalten konnten, ohne als exiliert zu gelten, vermieden ohnehin politische Themen. Zu ihnen zählten unter anderen Marie Luise Kaschnitz, Stefan Andres, Felix Hartlaub, Eugen Gottlob Winkler, Hans Erich Nossack, Günter Eich, Peter Huchel, Johannes Bobrowski, Karl Krolow, Erhart Kästner, Gustav René Hocke. Sie zogen sich auf antike Stoffe, auf Reisebeschreibungen, auf die Darstellung individuellen Seelenlebens jenseits seines gesellschaftlichen Umfeldes zurück. „Während im Exil mit Satire, Reportage und Pamphlet Traditionen von Weimar weiterlebten, griffen Nationalsozialisten und konfessionelle Schriftsteller im Reich zur Rede und zum Kriegsbericht bzw. zur Predigt und Legende." (Hans Dieter Schäfer)

Natürlich blieben weitere Dichtungsgattungen exilierten und nicht-exilierten Schriftstellern gemeinsam, doch sind die selbstgewählten oder erzwungenen Beschränkungen in der Konsequenz eindeutig: Sogar während der NS-Herrschaft wurden bedeutende literarische Werke geschaffen, aber sie konnten nur im Rahmen des vom Regime Tolerierten oder aber in der Illegalität entstehen. Gesellschaftskritische oder politische Aussagen, die der Staatsideologie zuwiderliefen, ließen sich bestenfalls äußerst verschlüsselt formulieren. Die Existenz literarischer oder sonstiger künstlerischer Leistungen während der NS-Herrschaft änderte nichts am totalitären Anspruch dieser Diktatur, noch ändern solche Werke daran etwas, daß dieser Anspruch mit größter Brutalität durchgesetzt worden ist, wenn er für das Regime von existentieller Bedeutung war. Auch in dieser Hinsicht sind unterschiedliche Phasen, Radikalisierungsschübe oder aber einfach technische Probleme mit kulturpolitischer Auswirkung zu beobachten: Zu letzteren zählte beispielsweise Papierknappheit in den Kriegsjahren, zu ersteren programmatische Anläufe zur Gleichschaltung, deren Ausdruck beispielsweise die erwähnten Hitler-Reden oder auch die Ausstellung „Entartete Kunst" im Jahre 1937 waren.

In den einzelnen Sektoren der Wissenschaft ist das Bild jenseits der prinzipiell geltenden totalitären Lenkung der Kultur differenziert. Zunächst ist auch auf diesem Feld das Faktum der Vertrei-

bung von Wissenschaftlern jüdischer Herkunft bzw. politisch mißliebiger Gelehrter zu konstatieren. Sie wurden in der Regel durch
Parteigänger und Funktionäre von NS-Hochschulorganisationen
ersetzt. Vergleichsweise harmlos, wenngleich bezeichnend, waren
Maßnahmen demonstrativen Charakters, beispielsweise die Aber-
kennung des Ehrendoktortitels von Thomas Mann durch die Universität Bonn – Paul Egon Hübinger hat diesen peinlichen Fall ge-
nau rekonstruiert.

Neben der „rassischen" Verfolgung erlaubte das schon erwähnte
*Gesetz zur Wiederherstellung des Berufsbeamtentums,* praktisch jeden politischen Gegner des Regimes – oder als solche denunzierte
Gelehrte – aus den Hochschulen zu entfernen, da bereits „gehässi-
ges" Auftreten gegen die NS-Bewegung oder der „Mißbrauch"
dienstlicher Stellung zur Schädigung „nationalgesinnter" Beamten
als Entlassungsgrund ausreichten. Zur Beurteilung der politischen
Haltung durfte rückwirkend die Zeit bis zum Beginn der Weimarer Republik berücksichtigt werden. Dieses Gesetz war nach den
Regeln klassischer Verwaltung zweifellos das beamtenfeindlichste
Gesetz der deutschen Verwaltungsgeschichte – die in dieser Hinsicht von Beamtenverbänden konservativer, aber auch liberaler
Provenienz der „Bonzenwirtschaft" bezichtigte Weimarer Republik hat sich nicht im entferntesten solche Verstöße zuschulden
kommen lassen.

Selbstverwaltung und Autonomie der Universität, klassische
Grundsätze der Wissenschaftsfreiheit, die in den Weimarer Jahren
oft als politische Freiräume gegen die neue Demokratie genutzt
worden sind, wurden durch Einführung der „Führerverfassung"
abgeschafft. Die vom Minister ernannten Fuhrer der Universitat
(Rektoren) beriefen ihrerseits die Dekane, die auch die Mittelver-
teilung – vorher Sache des Senats – übernahmen. Zur Erlangung
einer Dozentur mußte „charakterliche Eignung" nachgewiesen
werden, die beim wissenschaftlichen Nachwuchs durch eine Prü-
fung nach sechswöchigem Lager-Aufenthalt festgestellt wurde.
Außerdem mußte der Anwärter nachweisen, daß er Nationalsozialist sei. Wie in anderen Sektoren des gesellschaftlichen Lebens existierten auch in der Wissenschaft Organisationsformen, die zu-

sätzlich der politischen Überwachung dienten, in diesem Fall besonders der NS-Dozentenbund.

## Zahl der Emigranten – Folgen für die deutsche Wissenschaft

Die Zahl derjenigen, denen das Regime durch Amtsenthebung Berufsverbot auferlegte – und die es nicht selten durch individuellen Terror in den Tod trieb –, läßt sich präzis bestimmen. Nach Angaben des von dem emigrierten Sozialwissenschaftler Emil J. Gumbel 1938 in Straßburg herausgegebenen Sammelbandes *Freie Wissenschaft – ein Sammelbuch aus der deutschen Emigration,* setzten die NS-Machthaber bis Ende 1936 ca. 1 500 Wissenschaftler ab, für die Zeit bis 1938, nach dem „Anschluß" Österreichs, schätzte Gumbel diese Zahl auf ca. 2 000. Tatsächlich liegt die Zahl der durch die nationalsozialistische Diktatur aus dem deutschen Sprachraum vertriebenen Wissenschaftler noch etwas höher. Von den im *Biographischen Handbuch der deutschsprachigen Emigration nach 1933* verzeichneten annähernd 8 600 Emigranten zählen unter Einschluß der politischen Publizisten ungefähr 5 500 Persönlichkeiten im weiteren Sinn zu den verschiedenen Sektoren des kulturellen Lebens, die knappe Hälfte von ihnen, ca. 2 400 bis 2 500, waren Wissenschaftler, ca. 1 600 Emigranten des *Biographischen Handbuchs* zählten zu den Schriftstellern und Publizisten.
Allerdings ist zu berücksichtigen, daß die Auswahl dieses Handbuchs auf der Grundlage eines Personenarchivs von nahezu 25 000 Emigranten erfolgte, die zum Teil nur sehr unvollkommen erschließbar sind. Der betreffende Personenkreis entstammte dem deutschsprachigen Kulturraum, ist also nicht auf das Deutsche Reich in den Grenzen von 1937 beschränkt. Die Kulturemigration war in quantitativer Hinsicht nur ein geringer Teil der gesamten Emigration nach 1933, die mehr als eine halbe Million Menschen umfaßte; nach neuesten Schätzungen waren mehr als 500 000 dieser Emigranten im weitesten Sinne jüdischer Herkunft: ungefähr 330 000 stammten aus Deutschland, 150 000 aus Österreich und 25 000 aus den Sudetengebieten. Aufgrund dieses starken jüdi-

schen Anteils fand die über Generationen hinweg erfolgte jüdische Akkulturation im deutschsprachigen Mitteleuropa ein jähes Ende (Hartmut Mehringer/Werner Röder). Zur politischen Emigration zählten zwischen der NS-Revolution 1933 und dem Kriegsbeginn 1939 ca. 30 000 Personen (W. Röder) des gesamten politischen Spektrums von den Kommunisten bis zu den Konservativen. Kommunisten und Sozialdemokraten haben die größten Anteile, aber auch Angehörige des politischen Katholizismus waren nennenswert vertreten.

Die vielen widersprüchlichen Zahlen, die man über die Einzelbereiche der Emigration liest, können zwar durch weitere intensive Forschungen erheblich präzisiert werden, doch wird es sich immer um Annäherungswerte handeln müssen. Die unvermeidlichen Ungenauigkeiten gelten auch für eine quantitative Erfassung der Kulturemigration. In bezug auf den jüdischen Anteil ist diese Unsicherheit noch größer, weil unterschiedliche Zuordnungskriterien verwendet werden können, je nachdem, ob jüdisches Religionsbekenntnis oder jüdische Herkunft eines oder beider Elternteile als maßgeblich angesehen werden, oder auch diese Herkunft über mehrere Generationen zurückdatiert wird, selbst wenn schon die Urgroßeltern assimiliert bzw. konvertiert waren.

Natürlich ist die quantitative Erfassung der Emigration nur *eine* Seite, die dem oft schrecklichen persönlichen Schicksal der Betroffenen nicht gerecht wird. Und trotzdem ist auch der statistische Aspekt von Interesse, läßt er doch den Verlust an kultureller Potenz deutlich werden. Aber auch in dieser Hinsicht sind die qualitative Seite und genauere Untersuchungen über die einzelnen wissenschaftlichen Disziplinen mindestens ebenso notwendig. Sie liegen bisher nur für Teilbereiche vor.

In welchem Verhältnis stand die Zahl der emigrierten Wissenschaftler zu ihrer Gesamtzahl am Ende der Weimarer Republik, wie verteilte sie sich auf die einzelnen Disziplinen und Aufnahmeländer?

Einige Vergleichszahlen erlauben es, den Anteil der späteren Emigranten am deutschen Wissenschaftsleben vor 1933 zu bestimmen. An den deutschen Universitäten, Technischen Hochschulen und sonstigen wissenschaftlichen Hochschulen lehrten im Wintersemester 1930/31 insgesamt 2741 ordentliche Professoren. Daneben gehörten dem Lehrkörper 1741 beamtete oder nichtbeamtete außerordentliche Professoren und 1779 Privatdozenten bzw. festangestellte Dozenten an. Von diesen insgesamt 6261 an den Universitäten hauptamtlich lehrenden habilitierten Wissenschaftlern waren 517 emeritiert bzw. pensioniert, so daß 5744 als aktive Universitätslehrer übrigbleiben *(Statistisches Jahrbuch für das Deutsche Reich 1931).*

Diese Vergleichszahlen demonstrieren das Ausmaß der Amtsenthebungen durch die nationalsozialistischen Machthaber bzw. der Vertreibung der wissenschaftlichen Elite. Wenn die von Gumbel geschätzte Zahl allein für das Deutsche Reich bis 1938 zutrifft, also 1500 Professoren amtsenthoben worden sind, und wir diese Zahl auf die Professorengruppe insgesamt beziehen, dann bedeutet das, daß etwa ein Drittel der hauptamtlichen deutschen Hochschullehrer ihres Amtes enthoben wurden. Ein beträchtlicher Teil dieser Wissenschaftler sah sich in der Folge zur Emigration gezwungen: Die Mehrzahl der im *Biographischen Handbuch der deutschsprachigen Emigration nach 1933* aufgenommenen 2400 bis 2500 Personen zählte zu den Ordinarien bzw. in geringerem Maße zu den Extraordinarien. Ihre Gesamtzahl vor der Emigration in Deutschland betrug 4482 Personen, auch hier ist das außerordentliche Ausmaß des wissenschaftlichen Verlustes für das nationalsozialistische Deutschland erkennbar. Und das bestätigt sich, wenn man Wissenschaftler außerhalb der Universitäten hinzurechnet.

Auf der anderen Seite muß bedacht werden, daß die Gesamtzahl derjenigen, die vor 1933 insgesamt in kulturellen Berufen tätig gewesen sind, um ein beträchtliches höher lag. Das wissenschaftliche Personal an deutschen Universitäten, Technischen Hochschulen, sonstigen wissenschaftlichen Hochschulen und Pädagogischen Akademien umfaßte im Jahre 1931 einschließlich der wissenschaftlichen Assistenten 10584 Personen. Im Bereich Bildung und Unterricht waren während der Weimarer Republik im Schnitt – ich wähle hier das Jahr 1925 – rund 770000 Personen tätig, als Künstler waren während dieses Jahres 39122 Personen erfaßt, im Bereich von Theater und Musik arbeiteten 142 310 Menschen *(Statistisches Jahrbuch für das Deutsche Reich 1929)*. Diese Zahlen vermitteln einen Eindruck vom Personalbestand im Kulturleben der Weimarer Republik, können aber nicht für einen unmittelbaren Vergleich mit der Kulturemigration herangezogen werden, da sie zum Beispiel in bezug auf das Theater nicht nur Künstler, sondern auch Bühnenarbeiter enthalten.

Doch ist eine Schlußfolgerung naheliegend: Die Amtsenthebung bzw. Vertreibung von Wissenschaftlern und Künstlern während der nationalsozialistischen Diktatur betraf in überproportionalem Maße die kulturelle Elite. Bei der Besetzung der freigewordenen Lehrstühle handelte es sich also weitgehend um eine Umschichtung nach Kriterien, die nicht nach dem Maßstab wissenschaftlicher Qualität erfolgten. Daneben hatten Amtsenthebung und Vertreibung einen Generationswandel zur Folge. Hinton und Samuel haben in ihrem Buch *Education and Society in Modern Germany* 1949 geschätzt, daß bis 1939 vermutlich 45% aller Universitätsstellen neu (oder anderweitig) besetzt worden sind. Sicher können solche Zahlen nicht absolut gesetzt werden, enthalten sie doch Ausscheiden durch Tod, Emeritierung und Pensionierung und infolgedessen auch normale Neubesetzungen. Außerdem sind einzelne Phasen der Wissenschaftspolitik zu unterscheiden. Der erste entscheidende Schub erfolgte bereits bis zum Wintersemester 1933/34. Edward Hartshorne kam 1937 in seinem Buch *The German Universities and National Socialism* zu dem Ergebnis, daß bis zu diesem Zeitpunkt 1 145 Universitätslehrer entlassen worden waren, unter ihnen 313 ordentliche Professoren, 109 außerordentliche Professoren und 284 nicht beamtete außerordentliche Professoren. Aber auch hier sind Ungenauigkeiten unvermeidlich, da die Quellen selbst nicht absolut zuverlässig sind. Aufschlußreich ist das Beispiel der Universität Heidelberg: Bis zum Jahre 1936 mußten nach den zeitgenössischen Berechnungen Emil Julius Gumbels insgesamt 56 von 215 ( = 25%) Professoren aus politischen Gründen ihr Amt aufgeben. Gumbel sah auf Grund weiterer, nicht eindeutig klärbarer Fälle diese Zahl als Mindestzahl an, da vorzeitige Pensionierungen und „freiwilliger" Amtsverzicht nicht darin enthalten sind. Eine Aufschlüsselung zeigt, daß sich diese 25 Prozent recht unterschiedlich auf die Fakultäten verteilten: Den höchsten Anteil hatten die Juristen mit 37% politisch begründeter Entlassungen, den niedrigsten die Naturwissenschaftler mit 20%, dazwischen lagen die Philosophische Fakultät mit 30 und die Medizinische Fakultät mit 29%. An manchen Universitäten wie Berlin, Frankfurt/Main, Breslau und Wien war die Entlassungsquote und die Zahl der Emigranten besonders hoch; in Berlin belief sie sich allein an der Universität auf 133. Nimmt man alle emigrierten Wissenschaftler der Reichshauptstadt, die sich im *Biographischen Handbuch* befinden, zusammen, dann waren es 490.

Auf die Stellen der Amtsenthobenen rückten keineswegs die Angehörigen des wissenschaftlichen Nachwuchses bzw. Privatdozenten nach, vielmehr waren viele der neu in den Lehrkörper Aufgenommenen Parteifunktionäre ortsansässiger NS-Organisationen. In den fünf Jahren bis 1938 wurden an der Universität Heidelberg 21 von 50 Ordinarien, 28 von 71 a. o. Professoren und Privatdozenten neu ernannt. Im Jahre 1936 umfaßte der gesamte Lehrkörper 178 Dozenten, davon waren 81 zwischen 1933 und 1936 neu in ihr Amt gelangt, nahezu die Hälfte der 1938 an der Universität Heidelberg Lehrenden hatte noch keine vierjährige Universitätstätigkeit hinter sich, war also von außen an die Universität gekommen.

Dieser Personalschub, der, von Ausnahmen abgesehen, an den übrigen Universitäten ähnlich ausfiel, spricht eine deutliche Sprache. In Wissenschaften, die nicht im Mittelpunkt nationalsozialistischen Interesses standen, blieben viele „unpolitische" Gelehrte nichtjüdischer Herkunft vergleichsweise unbehelligt. Ein erheblicher Teil des Lehrkörpers verhielt sich aus Überzeugung, Angst oder Opportunismus systemkonform. Offene Opposition gegen das Regime blieb an den Universitäten wie in anderen Sektoren des gesellschaftlichen Lebens die Ausnahme. Dies ist wohl entscheidender als die antirepublikanische Ausrichtung vieler Hochschullehrer vor 1933. Doch ist bei dieser Gesamteinschätzung zu bedenken, daß die Nationalsozialisten den überwiegenden Teil potentieller Opponenten aus der Universität entfernt hatten.

Eine partielle Folge des Personalwechsels, aber auch von Opportunismus, war die Durchsetzung der Lehrpläne mit zahlreichen Veranstaltungen, die wenig oder gar nichts mit Wissenschaft, aber sehr viel mit NS-Propaganda zu tun hatten. Die damals angesehenste deutsche Universität, die Berliner, wies laut Vorlesungsverzeichnis für das Sommersemester 1935 nicht weniger als 28 „Lehr"veranstaltungen zur „Rassenlehre" auf, die Zahl der wehrwissenschaftlichen Themen von Vorlesungen und Übungen war nicht viel geringer. Nimmt man die Veranstaltungen hinzu, die direkt politischen Themen gewidmet waren, oder die ohne explizite Nennung ebenfalls im Sinne der NS-Ideologie politisiert wurden, dann wird das Ausmaß dieser Gleichschaltung der Universitäten deutlich, natürlich auch die Anfälligkeit bestimmter Fachgebiete für die NS-Ideologie.

Geringere Studierwilligkeit, Rückgang der Leistungen, Ideologisierung zählten zu den Folgen. Die Zensur wissenschaftlicher Produktion durch die *Reichsstelle zur Förderung des deutschen Schrifttums,* die dem Führer-Beauftragten und NS-Ideologen Alfred Rosenberg – dem Verfasser des *Mythos des 20. Jahrhunderts* – unterstand, war reichsweit organisiert und führte selbst bei Autoren, die mit dem Regime nicht sympathisierten, oft genug zu verbalen Unterwerfungsgesten.

Allerdings muß auch gesagt werden: Sogar in denjenigen wissenschaftlichen Disziplinen der Geisteswissenschaft, für die die NS-Machthaber besonderes Interesse hatten, erschienen noch eine Reihe bedeutender Werke; in allen wissenschaftlichen Sparten gab es Gelehrte, die keine Konzession an den herrschenden Zeit„geist" machten. Mehr oder weniger unbehelligtes Forschen war nicht prinzipiell für jede Thematik ausgeschlossen. Doch waren selbst Naturwissenschaften von der NS-Kulturpolitik tangiert: stellvertretend erinnert sei an solch absurde Pläne wie die Etablierung einer „arischen" Physik, deren maßgebliche Vertreter die Nobelpreisträger Philipp Lenard und Johannes Stark waren. Auf der anderen Seite bewahrten sich einige der für diesen Trend verantwortlichen Funktionäre genügend Realitätssinn, um die materielle Bedeutung naturwissenschaftlicher Forschung für den NS-Staat adäquat einzuschätzen: Durch Ideologie ließ sich hochrangige naturwissenschaftliche Forschung, wenn man sie beispielsweise für wehrwirtschaftliche Zwecke nutzen wollte, nicht ersetzen. Insofern blieben, trotz Vertreibung führender Naturwissenschaftler aus „rassischen" – und in geringerem Maße aus politischen – Erwägungen, zahlreichen führenden Vertretern ihres Faches Wirkungsmöglichkeiten erhalten, im Bereich der Physik etwa Max Planck, Otto Hahn, Werner Heisenberg, Fritz Straßmann.

Die anfangs vorsichtige Anpassung vieler Physiker an den NS-Staat sei bald wachsender Entfremdung gewichen, bemerkt Alan D. Beyerchen in seinem Buch über *Physiker im Dritten Reich*. Ein gravierender, nicht nur für die Physik nachteiliger Faktor kam hinzu: Die deutschen Gelehrten gerieten bald in eine wachsende, sich nach Kriegsausbruch verschärfende internationale Isolation. Auf der anderen Seite gelang es manchen wissenschaftlichen Institutionen, wie der Kaiser-Wilhelm-Gesellschaft (heute: Max-Planck-Gesellschaft), sich in stärkerem Maße vor politischer Einmischung zu schützen und durch einige Konzessionen die NS-Einwirkung auf ihre Arbeit zu begrenzen. Alan Beyerchen nannte dieses Verfahren eine im großen und ganzen erfolgreiche Methode der „Selbstgleichschaltung". Daneben übten einige wenige Naturwissenschaftler unverhohlene Kritik an der Wissenschaftspolitik des NS-Regimes. Unter den Physikern verdient hier vor allem der Nobelpreisträger Max von Laue genannt zu werden, der Deutschland nicht verließ, weil er die NS-Herrschaft hier bekämpfen und nach ihrem bald erhofften Ende zur Stelle sein wollte. Er blieb unbeugsam, half verfolgten Kollegen, beklagte seit September 1933 offen den Verlust, den die deutsche Wissenschaft durch die Emigration erlitt und hielt öffentlich eine Laudatio auf Fritz Haber, der wegen seiner jüdischen Herkunft Deutschland verlassen mußte.

Die ganz überwiegende Zahl der emigrierenden Naturwissenschaftler war jüdischer Herkunft. Das besagt: Der größte Teil der Deutschland verlassenden Gelehrten war an Leib und Leben bedroht. Nur wenige der nicht unmittelbar gefährdeten Gelehrten kehrten Deutschland den Rücken: der Entschluß zur Emigration war in jedem Falle die Ausnahme, wenn er nicht erzwungen war.

Nicht gering ist die Zahl derjenigen Wissenschaftler, insbesondere unter dem Nachwuchs, die das Opfer brachten, auf eine wissenschaftliche Karriere im NS-Staat zu verzichten. Auf der anderen Seite gab es immer wieder Fälle, in denen es trotz scharfer Angriffe aus NS-Organisationen den Betroffenen letztlich gelang, ihre Arbeit fortzusetzen. Das gilt zum Beispiel für Werner Heisenberg, der anläßlich seiner Berufung nach München infolge eines gemeinsamen Angriffs von Anhängern der „arischen" Physik und SS-Angehörigen in eine prekäre Lage geriet. Seine internationale Reputation ließ aber in den Augen Rosenbergs eine Verfolgung Heisenbergs untunlich erscheinen. Vor allem persönliche Verbindungen zur Familie Himmler und andere in dieser Situation nützliche Beziehungen, schließlich eine Reihe geharnischter Proteste aus den Reihen angesehener Physiker, ermöglichten Heisenberg die Weiterarbeit. Er hatte sich unter anderem durch Verweigerung einer Ergebenheitsadresse an den „Führer", Beschäftigung jüdischer Mitarbeiter in der Weimarer Zeit, positive Erwähnung Albert Einsteins bei Partei- und Wissenschaftsfunktionären mißliebig gemacht. Den Parteigängern „arischer" Physik war er als Vertreter Theoretischer Physik und der Einsteinschen Relativitätstheorie ohnehin ein Dorn im Auge. Es gelang den „arischen" Physikern, die Berufung Heisenbergs nach München zu verhindern und stattdessen einen Physiker zu berufen, der zwar nicht für Theoretische Physik ausgewiesen war, dafür aber eine Polemik gegen die „jüdische" Relativitätstheorie unter dem Titel *Judentum und Wissenschaft* verfaßt hatte. Trotzdem waren auch im Dritten Reich die Jahre der „arischen" Physik gezählt. 1942/1943 wurde nach einer zweiten offenen Konfrontation das Ende dieser pseudowissenschaftlichen Bewegung eingeleitet. Die eher angebliche als tatsächliche Bedeutung für die deutsche Kriegswirtschaft führte zur Wiederherstellung wissenschaftlicher Autonomie der Physik (Beyerchen).

Die Bestimmung des kulturellen Verlusts und der spezifischen literarischen, künstlerischen und wissenschaftlichen Art dieses Verlusts kann nach der Skizzierung der kulturpolitischen Voraussetzungen erfolgen: Die Kulturemigration war ein wesentlicher, in manchen Sektoren der interessanteste Teil, aber eben ein Teil und nicht das Ganze deutschsprachiger Kultur. Diese Feststellung nimmt der Vertreibung nichts von ihrer Schrecklichkeit, nichts auch von ihrer kulturpolitischen Dummheit, sondern zielt auf realitätsgemäße Erfassung des Problems.

### Emigrationsländer

In welche Länder gingen die vertriebenen Schriftsteller, Künstler und Wissenschaftler? Zahlen über den Anteil der Kulturemigration liegen bisher lediglich für einige Länder vor. Insofern ist eine quantitative Erfassung vorläufig nur unter Rückgriff auf die gesamte Remigration bzw. unter Beschränkung auf das *Biographische Handbuch* möglich. Nach den Berechnungen von Herbert A. Strauss, die sich in seinem Kapitel der Einleitung zum zweiten Band finden, lassen sich Rückschlüsse auch auf die Wissenschaftler ziehen.

Allerdings muß bedacht werden, daß die meisten Emigranten durch eine ganze Reihe von Staaten flüchteten, bevor sie sich endgültig niederlassen konnten. Alle Angaben über die ungefähr 75 Emigrationsländer müssen also den Zeitpunkt berücksichtigen, da gerade die europäischen Anrainerstaaten in der Regel Durchgangsstationen waren. Durchgangsstationen waren sie vor allem aus zwei Gründen: Erstens hatten diese Aufnahmeländer – z.B. die Schweiz – häufig eine sehr restriktive Einwanderungspraxis und begrenzten die Zahl der Emigranten wie auch ihre Aufenthaltsdauer; zweitens erzwang die erwähnte Ausdehnung des nationalsozialistischen Herrschaftsbereichs seit 1938 die weitere Flucht gerade aus den Staaten, die in den ersten Jahren der nationalsozialistischen Diktatur eine große Zahl von Emigranten aufgenommen hatten. Außer dem Saargebiet bildeten Prag, Paris und Amsterdam die ersten Schwerpunkte der deutschsprachigen Immigration. Auf der anderen Seite haben Länder wie Großbritannien erst nach der sogenannten Reichskristallnacht vom 9. November 1938 in größerem Maße Emigranten aus dem deutschen Sprachraum einwandern lassen, noch Ende des Jahres 1937 lebten dort nur 5500 deutsche Emigranten.

Konzentriert man sich auf das letzte Emigrationsland, dann ergibt sich, daß rund 48% aller Emigranten aus dem deutschen Sprachraum in die USA gingen. England nahm 10% auf, nach Palästina gingen rund 8% der Flüchtlinge, in der Schweiz ließen sich rund 4% nieder. Die Prozentzahlen beziehen sich auf die statistische Auswertung des zweiten Bandes des *Biographischen Handbuchs der deutschsprachigen Emigration* (Herbert A. Strauss), also des größten Teils der Kulturemigration. Unter den zwischen 1933 und 1941 in die USA einwandernden 104098 Immigranten deutscher und österreichischer Herkunft zählten 7622 (=7,3%) Menschen zu den akademischen und künstlerischen Berufen, 1090 von ihnen waren Wissenschaftler, der größte Teil Professoren. Zu dieser im weiteren Sinne akademischen Emigration, die natürlich nicht nur aus Angehörigen einer kulturellen Elite – die durch eigene Werke ausgewiesen war – bestand, zählten u. a.: 811 Juristen, 2352 Mediziner, 682 Journalisten, 645 Techniker, 465 Musiker, 296 Bildende Künstler, 1281 aus verschiedenen anderen Berufen (M. R. Davie; D. P. Kent).

Allerdings sagen solche quantitativen Erhebungen nichts über die Schwerpunktbildungen der wissenschaftlichen Disziplinen aus. Länder, die nicht von der jüdischen Massenemigration betroffen waren, konnten gleichwohl für die wissenschaftliche Emigration besondere Bedeutung erlangen. Dies gilt etwa für die Türkei, die eine große Zahl Naturwissenschaftler und Ingenieure aufnahm. Fritz Neumark, auch er ein Emigrant, hat in seinem Buch *Zuflucht am Bosporus* darüber berichtet. Sieht man einmal von den Transitländern des Exils während der ersten Phase von 1933 bis zum Beginn des Zweiten Weltkriegs 1939 ab, dann waren die USA, die lateinamerikanischen Staaten und Palästina in dieser Reihenfolge diejenigen Staaten bzw. Kontinente, die den größten Teil der Gesamtemigration aufnahmen. Geht man von der Zahl der zwischen 1933 und 1945 aus Deutschland emigrierenden Juden aus, dann ergibt sich folgende Verteilung: In die USA immigrierten insgesamt rund 130000 Juden, nach Palästina 55000, nach Lateinamerika 90 000 (Werner Röder). Signifikante Unterschiede resultierten aus dem Emigrationsmotiv, je nachdem, ob jüdische Herkunft, politische Opposition oder humanitäre Gegnerschaft gegen das NS-Regime ausschlaggebend waren. In vielen Fällen sind diese Motive – wie gesagt – nicht klar zu trennen.

Zu den wesentlichen Transitländern bis zur nationalsozialistischen Beherrschung großer Teile Europas gehörte bis 1934 zunächst das Saargebiet, bis dahin für 37 000 Emigranten erste Station ihrer Flucht. Frankreich nahm insgesamt ungefähr 65 000 Emigranten auf. In die UdSSR gingen von 1933 bis 1945 etwa 6000 Flüchtlinge. Der Zwang zum Verlassen der ersten Emigrationsländer wird auch im Falle Großbritanniens deutlich. 1940 hielten sich dort ungefähr 63 000 Emigranten aus dem Deutschen Reich, Österreich bzw. der Tschechoslowakei auf, Ende 1943 waren es vermutlich nur noch 25 000. Andere Schätzungen gehen noch für den Sommer 1943 von einer erheblich höheren Zahl aus (ca. 50 000, Gerhard Hirschfeld), aber auch sie bestätigen das außerordentliche Ausmaß der Weiterwanderung nach Kriegsbeginn. Schweden beherbergte im Jahre 1943 ungefähr 5000 deutschsprachige Immigranten, ein Drittel davon war aus politischen Gründen emigriert (Helmut Müssener). In der Schweiz schließlich hielten sich während des Zweiten Weltkriegs ca. 10 000 deutschsprachige Emigranten auf.

Wie gesagt: Diese Zahlen beziehen sich auf die Gesamtemigration und können deswegen nicht einfach auf die Immigrationsländer der Wissenschaftler übertragen werden. Auch besteht hier das Problem, daß unter den im *Biographischen Handbuch der deutschsprachigen Emigration nach 1933* enthaltenen Angehörigen der kulturellen Elite ein Teil zur zweiten Generation gehörte und altersbedingt erst nach einigen Jahren oder Jahrzehnten wissenschaftlich, literarisch oder künstlerisch tätig wurde. Trotz dieser Einschränkungen kann bis zum Vorliegen präziserer Untersuchungen davon ausgegangen werden, daß die Wanderungsbewegungen der Wissenschaftler denjenigen der Gesamtemigration nicht unähnlich gewesen sind. Wo genauere Untersuchungen vorliegen, beispielsweise für die USA, bestätigt sich diese Einschätzung.

Versucht man die interessante Frage nach den Wunschländern der Kulturemigration zu beantworten, so stößt man wiederum auf eine Reihe von Schwierigkeiten. Dabei spielte häufig Unwägbares eine Rolle. Naheliegend ist natürlich, daß ein Emigrant, der der englischen Sprache mächtig war, in den englischen Sprachraum emigrierte, einer, der die französische Sprache besser beherrschte, in den französischen. Jenseits solcher klar zurechenbarer Entscheidungen aber waren beispielsweise wissenschaftliche Kontakte vor der Emigration, Hoffnung auf Arbeitsmöglichkeiten, die sich daraus ableiteten, häufig für die Wahl des Immigrationslandes mitbestimmend. Die statistische Auswertung des zweiten Bandes des *Biographischen Handbuchs* gelangt in bezug auf das erste Niederlassungsland zu dem Ergebnis:

37% der Naturwissenschaftler und Ingenieure gingen zunächst nach Großbritannien, 35% in die USA, 8% in die Schweiz, 3% nach Frankreich. Nach Palästina gingen 8%, nach Brasilien und Argentinien 5%, in die anderen Aufnahmeländer insgesamt ebenfalls 5%. Bei den Medizinern ergibt sich eine ähnliche Schwerpunktbildung: 22% gingen nach Großbritannien, 18% in die USA, 13% nach Palästina, 9% in die Türkei, 7% in die Beneluxstaaten, 7% in die Schweiz, 3% jeweils nach Frankreich und in die UdSSR, insgesamt 3% auch nach Kanada, Australien und nach Neuseeland, 9% in die anderen Aufnahmeländer. Die Universitätslehrer, die in dieser Statistik nicht nach Fachgruppen gegliedert sind, hatten folgende Schwerpunkte in bezug auf das erste Emigrationsland: 31% gingen in die USA, 21% nach Frankreich, 14% nach Großbritannien, 11% in die Schweiz, 6% jeweils nach Italien bzw. Palästina. Vergleicht man die prozentualen Anteile des ersten Niederlassungslandes mit dem letzten, dann ergibt sich eine bezeichnende Verschiebung in dem bereits angedeuteten Sinn: Ein Großteil der Weiterwanderung erfolgte in die USA.

In bezug auf die Naturwissenschaftler und Ingenieure lautet das Ergebnis folgendermaßen: 57% waren schließlich in die USA gegangen, 11% jeweils nach Großbritannien und in die kleineren neutralen europäischen Staaten insgesamt, 6% nach Palästina, ebenfalls 6% nach Asien, Afrika und auf die pazifischen Inseln.

Die Gründe der Weiterwanderung in die USA, die sich auch in anderen kulturellen Sektoren beobachten läßt, waren vielschichtig. Es zählten dazu die amerikanischen Einwanderungsbestimmungen, Sicherheitsüberlegungen der Emigranten, die aus den europäischen Ländern flohen, die besseren Arbeitsmöglichkeiten, die Existenz zahlreicher Hilfsorganisationen, schließlich eine zum Teil positive Resonanz innerhalb der amerikanischen Öffentlichkeit, die durch die Immigration führender Wissenschaftler, z. B. die Physiker Albert Einstein und Hans Bethe, gefördert wurde.

## II. Schwerpunkte der Kulturemigration

*Schriftsteller*

Wo lagen die Schwerpunkte der kulturellen Emigration, zu der, wie gesagt, ungefähr 5500 Menschen zählten? Eine der qualitativ und quantitativ gewichtigsten Gruppen, die nicht viel weniger als die Hälfte dieser Emigranten stellte, bildeten zweifellos die Schriftsteller. Ein Großteil der bedeutendsten deutschsprachigen Dichter emigrierte in der Regel schon während der ersten Wochen oder Monate des Regimes, im Falle Österreichs oft erst 1938. Unter den emigrierenden Schriftstellern waren: Bertolt Brecht, Hermann Broch, Johannes R. Becher, Martin Beheim-Schwarzbach, Bernhard von Brentano, Max Brod, Ferdinand Bruckner, Martin Buber, Elias Canetti, Alfred Döblin, Lion Feuchtwanger, Bruno Frank, Leonhard Frank, Richard Friedenthal, Stefan George, Curt Goetz, Oskar Maria Graf, Walter Hasenclever, Ödön von Horváth, Hans Habe, Julius Hay, Georg Hermann, Stephan Hermlin, Stefan Heym, Fritz Hochwälder, Hans Henny Jahnn, Hermann Kesten, Annette Kolb, Georg Kaiser, Irmgard Keun, Alfred Kantorowicz, Else Lasker-Schüler, Emil Ludwig, Thomas Mann, Heinrich Mann, Klaus Mann, Robert Musil, Walter Mehring, Peter de Mendelssohn, Ludwig Marcuse, Alfred Neumann, Theodor Plivier, Alfred Polgar, Joseph Roth, Gustav Regler, Ludwig Renn, Erich Maria Remarque, René Schickele, Anna Seghers, Manès Sperber, Hilde Spiel, Nelly Sachs, Kurt Tucholsky, Gabriele Tergit, Max Tau, Ernst Toller, Friedrich Torberg, Fritz von Unruh, Johannes Urzidil, Jakob Wassermann, Franz Werfel, Armin T. Wegner, Ernst Weiss, Peter Weiss, Friedrich Wolf, Franz Carl Weiskopf, Karl Wolfskehl, Stefan Zweig, Arnold Zweig, Paul Zech, Carl Zuckmayer. Einige der Genannten, z.B. Peter Weiss, begannen allerdings aufgrund ihrer Jugend erst viel später zu publizieren.

Sicher enthält diese Aufzählung Schriftsteller von unterschiedlicher literarischer Bedeutung, doch zweifellos befanden sich unter ihnen führende Repräsentanten deutschsprachiger Literatur, die im In- und Ausland hohes Ansehen genossen oder doch im Laufe der Jahre gewannen. Drei der Genannten erhielten den Nobelpreis für Literatur: Thomas Mann 1929, Nelly Sachs 1966 und Elias Canetti 1981, einige auch den späteren Friedenspreis des deutschen Buchhandels: Max Tau 1950, Nelly Sachs 1965. Ein Vergleich mit den Schriftstellern, die Deutschland nicht verließen, fällt unter Berücksichtigung von Qualität und Quantität im großen und ganzen zugunsten der Emigranten aus. Nur wenige der in Deutschland verbliebenen Dichter, von denen oben die Rede war, erreichten internationalen Rang, zu einem erheblichen Teil handelte es sich um jüngere Autoren, deren literarische Laufbahn erst nach dem Krieg ihren Kulminationspunkt erreichte.

Schwierigkeiten bereitet die Definition des Begriffs „Exilliteratur". Versuche, sie durch ihre Thematik oder durch formale Kriterien der Gattungspoetik zu umgrenzen, überzeugen kaum. Beispielsweise ist der Versuch gemacht worden, das Sonett als charakteristische Dichtungsform der Exilliteratur herauszustellen. Einmal abgesehen von der Tatsache, daß das Sonett eine lange Geschichte aufweist und bereits in der Barockliteratur eine Blütezeit erlebte, würde eine solche gattungspoetische Einschränkung gerade diejenigen Formen ausschließen, deren sich die exilierten Dichter mit großer Virtuosität bedienten und mit deren Hilfe ein weiter Leserkreis über die Bedingungen des Exildaseins unterrichtet wurde: den politischen Essay, das Feuilleton, vor allem aber die epische Großform des Romans. Allgemein gilt, daß die Exilautoren die Gattung des Romans ungleich stärker pflegten als die im NS-Staat lebenden Autoren, unter denen allerdings ebenfalls Romanciers von Rang waren; doch bevorzugten viele Schriftsteller eher Kleinformen, z. B. die Novelle.

Auf der anderen Seite sollte dieser Sachverhalt nicht zu dem umgekehrten Fehlschluß verleiten, den Exilroman als gattungspoetischen Zugang zur Definition des Begriffs Exilliteratur zu verwenden. Zwar thematisieren zahlreiche Werke emigrierter Autoren das

Exil, beispielsweise Arnold Zweigs *Das Beil von Wandsbek,* Lion Feuchtwangers Roman *Exil,* Bruno Franks Roman *Der Reisepaß,* Anna Seghers' Romane *Transit* und *Die Toten bleiben jung,* Klaus Manns Roman *Der Vulkan* und seine Autobiographie *Der Wendepunkt,* schließlich auf literarisch anspruchsvollere, wenngleich sehr viel indirektere Weise auch Thomas Manns Romantrilogie *Joseph und seine Brüder.* Bei anderen Romanwerken von Rang, Heinrich Manns *Henri Quatre* oder Alfred Döblins *Hamlet oder die lange Nacht nimmt ein Ende,* die ganz oder teilweise während des Exils ihrer Autoren entstanden, könnte man unter engem thematischen Blickwinkel nicht mehr von Exilliteratur sprechen, wenn man sich an solch gattungspoetische Norm für die Begriffsdefinition hielte. Außerdem ist an Werke ersten Ranges zu erinnern, um deren Fortsetzung sich ihre Autoren während des Exils bemühten, die aber nicht in der intendierten Weise gelang: So hat beispielsweise Hans Mayer über Robert Musils *Mann ohne Eigenschaften* aus persönlicher Kenntnis des Autors bemerkt, der Roman habe unter den Bedingungen des Exils nicht vollendet werden können: Karl Corino überschrieb diesen Sachverhalt mit den Worten „Reflexionen im Vakuum". Wie dem auch sei, gattungspoetische Kriterien sind – einmal abgesehen von der Begrenztheit dieses Forschungsansatzes auch im Bereich der Literaturwissenschaft – zu reduktiv, um den Terminus Exilliteratur angemessen zu erfassen.

Die weiteste Begriffsbestimmung liegt darin, alle im Exil entstandenen literarischen Produktionen – vom Feuilleton über die Theaterkritik und die politische Essayistik bis zu den traditionellen Dichtungsgattungen – als Exilliteratur zu begreifen. Eine solche Definition führt zweifellos zu mancherlei Unschärfen, doch ist dieser Zugang der besonderen Entstehungssituation dieser Schriften angemessen. Er läßt eine spezifisch literaturwissenschaftliche Erfassung der im Exil entstandenen Werke durchaus zu, gleich ob sie sich an der Gattungspoetik, am immanenten Werkcharakter, an der Lebensgeschichte der Autoren, an Stilanalysen und/oder anderen Fragestellungen orientiert; nur sind Interpretationsansätze dieser Art nicht spezifisch für die Exilliteratur. Als zweifelsfreies Definitionskriterium kann lediglich der historische Rekurs auf die

Entstehungsbedingungen der betreffenden Werke gelten: Zur Exilliteratur zählen diejenigen Schriften, die im Exil entstanden sind.

Allerdings schließt eine solch weite – beispielsweise von Manfred Durzak als zu weit angesehene – Definition Literatur ein, für die Exilerfahrung weder in Form noch Inhalt erkennbar konstitutiv geworden ist. Dem entspricht auch die Feststellung Werner Bertholds auf dem Kopenhagener Symposium über Exilliteratur im Jahre 1972: „Wir sprechen heute von Exilforschung und bewußt nicht mehr von Erforschung der Exilliteratur ... Exil interessiert als Gesamtphänomen."

Trotzdem demonstriert jede nähere Beschäftigung mit der kulturellen Emigration, in welchem Maße gerade Literaten die Erfahrung des Exilschicksals reflektiert haben. Die Schriftsteller gehören damit zu jenen Gruppen der kulturellen Emigration, deren Wirksamkeit am entschiedensten exilspezifisch geprägt worden ist. Das ist keine überraschende Feststellung, ist Literatur doch immer „Erbschaft ihrer Zeit". Insbesondere ging es politisch ambitionierten Schriftstellern darum, auf das Schicksal der Emigranten sowie auf die politische Situation ihrer durch die NS-Diktatur beherrschten Heimat aufmerksam zu machen: Je politischer und realitätsbezogener solche Absicht war, desto geringer war ihr künstlerischer Anspruch. Diese Charakterisierung gilt in erhöhtem Maße für Gattungen, deren Form nicht durch poetische Gesetze normiert und deswegen flexibler ist, beispielsweise Essayistik, Feuilleton und Reportage. Innerhalb der gesamten Exilliteratur existiert also ein Sektor, der über die oben skizzierte gemeinsame Tradition und Thematik der Weimarer Kultur hinausging, indem die exilspezifische Situation in literarischer Darstellung reflektiert wurde. Allerdings gewann solche Erweiterung des bis dahin vorherrschenden literarischen Spektrums kaum innovatorische Qualität, die meisten das Exil thematisierenden Romane sind in ihrem erzählerischen Charakter eher traditionell, sind allein in ihrer Thematik, nicht aber ihrer Form originär. Die literarische Avantgarde, Expressionismus, spielerisches oder problematisierendes Experiment traten hinter den traditionellen Realismus der Darstellung zurück. Die starke Politisierung, insbesondere im vielgestaltigen Genre der Gebrauchsliteratur, war Antwort auf die politisch motivierte Vertreibung durch das NS-Regime. Diese politische Zweckbezogenheit vieler im Exil veröffentlichter Schriften und Artikel setzte eine der Weimarer Traditionen fort und war als Antwort auf die NS-Diktatur erklärbar, führte aber in zahlreichen Fällen zu stärkster Aktualitätsbezogenheit, zur Produktion für den Tag. Die politische und moralische Aufgabenstellung der Literatur überlagerte nicht selten das Streben nach literarischer Formung. Nur wenigen Autoren gelang es, literarische und politische Zielsetzung in ihrem Lebenswerk zu integrieren oder doch beide Absichten nebeneinander zu realisieren. Ein Beispiel für die Verwirklichung solchen Anspruchs bildet Thomas Mann.

Eine zweite Erschwerung der literarischen Umsetzung von Exilproblemen lag in der Veränderung des Lesepublikums und damit der Rezeptionsbedingungen. Die ehemaligen deutschen Leser konnten die Exilautoren in der Regel nicht mehr erreichen; die Umstellung auf fremdsprachige Leser erforderte die Verwendung der Sprache des Gastlandes, Änderungen in Stil und Form, erzwang nicht selten Vereinfachung oder aber Schreiben ausschließlich für die Leidensgenossen. Die Herausforderungen einer neuen – oft verständnislosen – kulturellen Umwelt konnten nicht in wenigen Monaten oder Jahren in literarischer Weise fruchtbar werden, sondern belasteten die meisten Autoren schwer. Werben um Verständnis, autobiographisch geprägte Rechenschaftsberichte, der Zwang zur kurzfristigen materiellen Sicherung bildeten weitere, dem literarischen Rang häufig abträgliche Faktoren.

Verlust für die deutschsprachige Kultur ist also nicht nur im landläufigen Sinn feststellbar. Vielmehr beeinträchtigte die extreme Verschlechterung der Lebensumstände der meisten exilierten Autoren auch die literarische Arbeit. In noch stärkerem Maße als sonst müssen die Existenzbedingungen der Exilautoren bei der Interpretation ihrer Werke berücksichtigt werden, ihr teilweise „emphatisch-antifaschistischer" Charakter rührt nicht zuletzt daher: „Die deutsche Literatur war mit ihrem besten Teil in die Rolle des Widerstandes gedrängt worden, für die sie subjektiv nur sehr bedingt vorbereitet war; objektiv war einer solchen Rolle fast jeder Boden entzogen. Sie nahm die Herausforderung an, ohne ihr gewachsen zu sein, zum Teil mit sehr bescheidenen, zum Teil aber mit erstaunlichen, wenn auch hinsichtlich ihrer unmittelbaren Wirkung eher unscheinbaren Resultaten ... So bleibt die Geschichte der Exilliteratur vorwiegend eine – wenn auch durch großartige Einzelleistungen immer wieder unterbrochene – Kette von Hoffnungen, Irrtümern und Enttäuschungen" (Ernst Loewy).

Auch innerhalb der Exilliteratur sind Phasen unterscheidbar: instruktiv hierfür sind die kontrastierenden Einschätzungen von Klaus Mann. In seinem Lebensbericht *Der Wendepunkt* hatte er festgestellt: „Besonders während der ersten Jahre des Exils, von 1933 bis 1936, war dieses Gefühl der Zusammengehörigkeit stark und echt. Ja, die verbrannten Literaten bildeten so etwas wie eine homogene Elite, eine wirkliche *Gemeinschaft* innerhalb der diffusen und amorphen Gesamtemigration." Ein wenig später veröffentlichter Rückblick war in bezug auf die unterstellte Homogenität wohl realistischer: „Die Majorität unserer Emigranten bestand eben doch aus braven Bürgern, die sich in erster Linie als ‚gute Deutsche‘, erst in zweiter als Juden und zu allerletzt oder überhaupt nicht als Antifaschisten empfanden." Nun, auch der letzte Teil dieser Aussage mag zu weit gehen, die Majorität der Emigranten war in ihrem Selbstverständnis durchaus antifaschistisch; die Frage war wohl eher, wie explizit dieser Antifaschismus war und vor allem in welcher konstruktiven politischen Überzeugung er mündete. Und in dieser Hinsicht bestanden die politischen Gegensätze und Differenzen der Weimarer Jahre fort. Die anfangs von Klaus Mann konstatierte Homogenität der Schriftsteller war tatsächlich brüchig, es sei denn sie bezog sich auf kleine Zirkel, die sich außer im PEN-Club der exilierten deutschsprachigen Schriftsteller – der 1980 in einer Frankfurter Ausstellung dokumentiert wurde – vor allem um die zahlreichen Exilzeitschriften gruppierten, die Hans Albert Walter umfassend und grundlegend dargestellt hat. Diese Zeitschriften knüpften teils an die Tradition an, die in die Zeit vor 1933 zurückreichten, z.B. „Das neue Tage-Buch" und „Die neue Weltbühne", teils handelte es sich um programmatische Neugründungen, beispielsweise die von Klaus Mann herausgegebene Zeitschrift „Die Sammlung", die „Neuen deutschen Blätter" von Oskar Maria Graf, Wieland Herzfelde und Anna Seghers oder die von Thomas Mann herausgegebene und von Golo Mann redigierte Zeitschrift „Maß und Wert"; schließlich ist das später von Bert Brecht, Willi Bredel und Lion Feuchtwanger als Ersatz für die „Sammlung" und die „Neuen deutschen Blätter" in Moskau publizierte Journal „Das Wort" zu erwähnen, das wie kaum ein anderes Volksfrontideen propagierte. Dabei ist zu beachten, daß in dieser Zeitschrift durchaus nicht nur Kommunisten zu Wort kamen.

Solche Zusammenarbeit über die Grenzen differierender politischer Überzeugungen hinweg hat auf die Dauer nicht verhindern können, daß vielerlei Zerwürfnisse entstanden. Sie mochten gelegentlich in persönlichen Ursachen wurzeln, wie die Dissonanzen zwischen Klaus Mann und Leopold Schwarzschild; doch enthielten allein schon die Existenzbedingungen der Exilzeitschriften viel Sprengstoff – Lion Feuchtwanger hat dies romanhaft am Beispiel des „Pariser Tageblatts" in seinem Roman *Exil* dargestellt. Die Kurzlebigkeit, aber auch die große Zahl der in weiterem Sinne zur Exilpresse gehörenden Publikationen – die Lieselotte Maas verzeichnet hat – sind Indiz der Schwierigkeiten, denen sich die literarische und politische Publizistik des deutschsprachigen Exils gegenübersahen – Indiz aber auch für die Heterogenität des literarischen und politischen Exils überhaupt. Und schließlich hatten alle Autoren mehr oder weniger mit einem existentiellen Problem zu kämpfen, das Theodor W. Adorno 1951 in seinen *Minima Moralia* prägnant bezeichnet hat: „Jeder Intellektuelle in der Emigration, ohne alle Ausnahme, ist beschädigt und tut gut daran, es selber zu erkennen, wenn er nicht hinter den dicht geschlossenen Türen seiner Selbstachtung grausam darüber belehrt werden will. Er lebt in einer Umwelt, die ihm unverständlich bleiben muß ... Enteignet ist seine Sprache und abgegraben die geschichtliche Dimension, aus der seine Erkenntnis die Kräfte zog. Die Isolierung wird um so schlimmer, je mehr feste und politisch kontrollierte Gruppen sich formieren, mißtrauisch gegen die Zugehörigen, feindselig gegen die abgestempelten anderen. Der Anteil des Sozialprodukts, der auf die Fremden entfällt, will nicht ausreichen und treibt sie zur hoffnungslosen zweiten Konkurrenz untereinander inmitten der allgemeinen ... Wer selbst der Schmach der unmittelbaren Gleichschaltung enthoben ist, trägt als sein besonderes Mal eben diese Enthobenheit, eine im Lebensprozeß der Gesellschaft scheinhafte und irreale Existenz ... Alle Gewichte werden falsch, die Optik verstört."

Innerhalb der im weiteren Sinne literarischen Emigration spielten zwei im *Biographischen Handbuch der deutschsprachigen Emigration nach 1933* dokumentierte Gruppen eine erhebliche Rolle: Auf die eine ist schon bei der Behandlung der Weimarer Kultur am Beispiel herausragender Einzelpersönlichkeiten eingegangen worden, da sie für diesen Teil charakteristisch gewesen ist: die Publizisten. Der qualitative und quantitative Umfang von Emigranten dieses Sektors kann nicht überraschen, reflektierten ihre Angehörigen doch auf direkteste Weise die politische Entwicklung; auf ihre Kommentierung konnten sie weder vor noch nach 1933 verzichten. Innerhalb der literarischen Emigration stellen die Publizisten aller Sparten einen beträchtlichen, mehrere hundert Personen umfassenden Teil. Unter den Kultur-Publizisten und Literaturkritikern finden sich so bekannte Namen wie Jean Améry, Max Beer, Walter Benjamin, Julie Braun-Vogelstein, Martin Esslin, Heinrich Fraenkel, Erich Franzen, Eduard Fuchs, Willy Haas, Werner Hegemann, Jakob Hegner, Konrad Heiden, Rudolf Hirsch, Artur Holitscher, Wieland Herzfelde, Robert Jungk, Alfred Kantorowicz, Richard Katz, Harry Graf Keßler, Fritz Landshoff, Erwin Leiser, Ernst Loewy, Valeriu Marcu, Max Osborn, Curt Riess, Harry Schulze-Wilde, Max Tau, Georg Stefan Troller. Allerdings sind diese Publizisten anders als die großen Vertreter der politischen Publizistik nur in Einzelfällen für die Weimarer Intellektualität typisch gewesen: Sie konnten insofern nach 1945 leichter an ihre Arbeit anknüpfen; zahlreiche der hier Genannten kehrten deshalb in die deutsche Kulturpublizistik zurück.

Die zweite der hier nur kurz zu erwähnenden Gruppierungen –
die Verleger – ist zwar weniger umfangreich, doch waren diese
Emigranten von größter Bedeutung. Einigen von ihnen gelang es,
in den USA ein außerhalb der Universitätsverlage stehendes wissenschaftliches Verlagswesen aufzubauen. Wichtiger noch als für
die Kultur der Gastländer war dieser Personenkreis für die Emigranten, weil die im Exil neugegründeten bzw. weiter betriebenen
Verlage Kristallisationskerne der intellektuellen Emigration bildeten und den Autoren das notwendige Publikationsforum boten.
Allerdings handelte es sich bei den bedeutendsten Exilverlagen,
beispielsweise Querido oder Allert de Lange in Amsterdam und
Oprecht in Zürich, um einheimische Verlage. So oder so: Ohne die
Verleger wären die emigrierten Autoren buchstäblich sprachlos geworden, ihre materielle Existenz, ihre Rezeption und Wirksamkeit
hing entscheidend von den Veröffentlichungsmöglichkeiten ab.
Ohne diese sofort nach der NS-Machtergreifung in Prag, Amsterdam, Paris und Zürich entstehenden Exil-Verlage hätten die emigrierten Autoren kaum Resonanz erlangen können. „Wer wird uns
verlegen? Das war die brennende Frage, mit der die deutschen
Schriftsteller im Exil ihre Arbeit wieder aufnahmen. Sie erhielten
überraschend schnell Antwort", schrieb Wieland Herzfelde 1937
in einer Würdigung der vierjährigen Arbeit der Exil-Verlage. Allein
160 Verleger emigrierten, unter ihnen so bekannte wie Bruno Cassirer, G. B. Fischer, Kurt Wolff, Jakob Hegner, Gershom Schok-
ken, Rudolf Ullstein, Georg Weidenfeld.
    Ihre Aktivität vollzog sich unter schwierigsten Bedingungen und
war auf Improvisationstalent angewiesen. Haufig waren Autoren
ihre eigenen Verleger und Buchhändler, indem sie ihre vervielfäl-
tigten Typoskripte nach Dichterlesungen oder Vortragsabenden
selbst verkauften. Andere wieder publizierten bei den emigrierten
Verlagen, z. B. im marxistisch orientierten Malik Verlag Wieland
Herzfeldes, im belletristischen Verlag Gottfried Bermann-Fi-
schers, der im Exil unter anderem die große Stockholmer Ausgabe

der Werke Thomas Manns publizierte. Eine Heimstatt für exilierte Autoren boten neben einer Reihe kleinerer Verlage auch Kurt Wolffs Pantheon Books, Martinus Nijhoff in Den Haag, die linksorientierten Editions du Carrefour in Paris, die das berühmt-berüchtigte „Braunbuch" des bulgarischen Kommunisten Georgi Dimitroff über den Reichstagsbrand vom 27. Februar 1933 veröffentlichten. Allerdings bestanden auch im Exil deutsche Verlage fort, wie zum Beispiel Schocken, die kaum oder gar keine Exilliteratur herausbrachten. Die bedeutendsten Verleger – Querido, de Lange und Oprecht – handelten nicht aus finanziellem Interesse, war doch das Verlegen der Exilautoren ohne einen gesicherten Leserkreis allemal ein erhebliches Risiko, sondern – wie Klaus Mann und andere berichteten – aus politischer und humanitärer Gegnerschaft zum NS-Regime. Emanuel Querido mußte dies 1942 mit seinem Leben bezahlen. Die holländischen Verleger holten sich bewährte Kräfte aus dem deutschen Verlagswesen als Leiter ihrer Exilabteilungen, so waren Hermann Kesten, Fritz Landshoff und Walter Landauer ehemalige Lektoren des Verlags Kiepenheuer in Berlin. Die beiden Amsterdamer hatten bis zum Frühjahr 1940 fast 200 Titel von über 100 Autoren herausgegeben (Alexander Stephan).

Vergleichbar war die Publikationstätigkeit Emil Oprechts in Zürich, zumal er nach der Besetzung Prags 1938 und der Niederlande 1940 der einzige große Exilverleger im deutschsprachigen Raum blieb. Die zuletzt genannten drei Verlage und Bermann-Fischer veröffentlichten bis 1946 nahezu 500 Titel aus der Exilliteratur und erzielten bei einem Durchschnitt von drei- bis viertausend Exemplaren pro Titel eine Gesamtauflage von ungefähr 1,75 Millionen Exemplaren (A. Stephan). Diese Zahl wird noch übertroffen von den in den sowjetischen Verlagen für fremdsprachige Literatur bzw. nationale Minderheiten publizierten Büchern, für die eine Gesamtauflage von 2 Millionen berechnet worden ist (Horst Halfmann).

Die Vertreibung der Exilverlage aus Mittel- und Westeuropa infolge der Besatzungsherrschaft war für die Exilautoren ein schwerer Schlag, der Aurora Verlag in den USA und El libro libre in Mexiko konnten trotz erfolgreicher Produktion diese Lücke nicht ausfüllen.

Die Literaten im weitesten Sinn stellen den quantitativ und qualitativ eindrucksvollsten Teil der kulturellen Emigration – ihre Produktivität war außergewöhnlich: Der Leipziger Sonderband der Deutschen Nationalbibliographie von 1949 zählt 12 717 Titel, die zwischen 1933 und 1945 nicht angezeigt werden durften. Doch sollte die quantitative Bedeutung der literarischen Emigration und die Tatsache der weit fortgeschrittenen Erforschung der im Exil entstandenen Literatur nicht zur Unterschätzung anderer Sektoren der Kulturemigration führen.

### Bildende Künstler, Architekten, Musiker

Auch die Zahl bedeutender Maler, Bildhauer, Architekten, Musiker, Theaterleute, die nach 1933 das nationalsozialistische Deutschland verließen bzw. vor dem NS-Terror flohen, war beträchtlich. Das vom Institut für Zeitgeschichte (München) sowie der Research Foundation for Jewish Immigration (New York) erarbeitete Emigrationsarchiv enthält unter den 25 000 nachgewiesenen Personen gut 3 000 Bildende Künstler, Film- und Theaterleute, von denen ca. 800 in den zweiten Band des *Biographischen Handbuchs der deutschsprachigen Emigration nach 1933* aufgenommen wurden.

Das Verhältnis von Bildender Kunst im NS-Reich zu ihrem Anteil an der kulturellen Emigration ist der literaturgeschichtlichen Situation vergleichbar: Auch während der Diktatur blieben herausragende Maler und Bildhauer in Deutschland, aber ihnen blieb in der Regel früher oder später nichts anderes übrig, als auf öffentliche Präsenz zu verzichten. Weder versuchte Anpassung noch Rückzug ins Private bewahrten zahlreiche bedeutende Künstler davor, als „entartet" verfemt und damit der Möglichkeit beraubt zu werden, ihre Werke der Öffentlichkeit zugänglich zu machen. Staatliche Museen und Ausstellungen blieben ihnen verschlossen. So traf Emil Nolde, der bereits seit 1933 als „entartet" eingestuft wurde, im Jahre 1941 ein Malverbot: Dieses Schicksal teilte er mit Karl Hofer und Karl Schmidt-Rottluff. Andere Maler wurden schon 1933 aus ihren Ämtern an Kunstakademien entlassen, beispielsweise Otto Dix, Max Pechstein, Willi Baumeister, Oskar Moll und Oskar Schlemmer. Wieder andere erhielten Ausstellungsverbot, zum Beispiel Ernst Wilhelm Nay 1936.

Zu den namhaften Malern bzw. Bildhauern, die während der NS-Herrschaft in Deutschland blieben, deren Wirksamkeit jedoch zum Teil erheblich beeinträchtigt wurde, zählen außer den bereits Genannten: Ernst Barlach, Friedrich Ahlers-Hestermann, Erich Heckel, Werner Heldt, Georg Meistermann, Otto Modersohn, Gabriele Münter, Franz Radziwill, der auch als „entartet" verfemte Georg Scholz, Fritz Winter, sowie eine Reihe jüngerer Künstler, deren Werke meist erst nach 1945 entstanden. Auch Max Liebermann, der allerdings im Jahr der NS-Revolution bereits 86 Jahre alt war, blieb in Berlin.

Die Reihe der Mal- und Ausstellungsverbote, der Amtsenthebungen und andere Maßnahmen, die Berufsverboten gleichkamen, demonstrieren, wie gering der Spielraum Bildender Künstler während der NS-Herrschaft gewesen ist, wie hoch der Verlust an großer Malerei aufgrund der Diskriminierungen durch die NS-Kulturpolitik und vor allem die Emigration zu veranschlagen ist: Zu den Emigranten zählten wiederum viele derjenigen, die zusammen mit den zwar nicht emigrierenden, aber nach 1933 Verfemten während der Weimarer Jahre zum Rang deutscher Kunst beigetragen hatten: Josef Albers, Max Beckmann, Lyonel Feininger, George Grosz, Thomas Theodor Heine, Paul Klee, Oskar Kokoschka, Wassily Kandinsky, Anna Mahler, Max Oppenheimer, Hans Purrmann, Hans Richter, Emy Roeder, Kurt Schwitters und, seit Beginn der 1930er Jahre, der Wiener Bildhauer und Kunstprofessor Fritz Wotruba. Hinzu traten jene, die zwar 1933 nicht bzw. nicht mehr in Deutschland lebten, aber zur Flucht vor der deutschen Besatzungsherrschaft in Frankreich gezwungen waren und deren Publizität während der NS-Diktatur in Deutschland unterbunden wurde, z. B. Max Ernst und Otto Freundlich, der die Deportation nicht überlebte. Schließlich sind auch diejenigen zu nennen, deren

Werk altersbedingt erst später Bedeutung gewann, wie etwa Lea Grundig und Hans Hartung.

Auch herausragende Architekten verließen das nationalsozialistische Deutschland, die bekanntesten waren Walter Gropius, Ludwig Mies van der Rohe, Bruno Taut, Erich Mendelsohn, Ernst May. Einer der wenigen international renommierten Architekten, die zurückblieben und deren Karriere durch die NS-Herrschaft nicht beeinträchtigt wurde, war Peter Behrens, in dessen Büro vor 1933 einige der bedeutendsten Architekten des 20. Jahrhunderts wie Le Corbusier, Gropius und Mies van der Rohe gearbeitet hatten. Behrens wirkte bahnbrechend vor allem durch Industriebauten, Verwaltungsgebäude und Siedlungsbau, seine markantesten Werke entstammen aber durchweg den Jahrzehnten vor 1933.

Das Verstummen und die Berufsverbote für die in Deutschland verbliebenen Künstler von originärer Kraft muß in Verbindung mit der Emigration gesehen werden. Dann zeigt sich in diesem Bereich, obwohl er quantitativ geringer ist als die Emigration der Literaten, ein vergleichbares Ergebnis: Der modernste und erregendste Teil der deutschen Kunst, der ihre Entwicklung in den ersten Jahrzehnten des Jahrhunderts prägte, wurde durch die NS-Herrschaft vertrieben; kaum in einem anderen Sektor der Kultur wird deutlicher als hier, wie sehr die NS-Kulturpolitik eine Reaktion gegen den Rationalismus der Moderne darstellte. Und das auch in den Prinzipien, die den NS-Funktionären trotz der Ablehnung dieser Richtungen paradoxerweise nicht vollkommen entgegenstanden, z.B. Elementen neuer Sachlichkeit, wie sie Bauhaus-Architekten verfochten.

Für künstlerische Schulen wie den Deutschen Werkbund, das Bauhaus und den Blauen Reiter, die kunstgeschichtlich Epoche gemacht hatten, blieb im NS-Reich kein Raum. Verismus, Expressionismus, Surrealismus, Abstrakte Kunst wurden gleichermaßen als „unnatürlich" und „entartet" bekämpft. Gerade der Kunstcharakter dieser Strömungen widersprach dem naiven völkischen Realismus, der nach 1933 gefragt war. Diese Tendenzen standen gleichermaßen dem nach 1933 herrschenden künstlerischen Konventionalismus wie dem architektonischen Monumentalismus entge-

gen, sie waren konträr auch zur Eintönigkeit des NS-Siedlungs-
baus, in dem für Individualität kein Platz war.

Die Diktaturen des 20. Jahrhunderts – seien sie nun nationalsozialistisch oder bolschewistisch – ähnelten sich auch in der Kunstpolitik: „Der offizielle Kunststil totalitärer Länder ist überall der glei-
che", bemerkte Werner Haftmann. Politische Zweckbestimmung,
„volkstümlicher" Realismus – der eine fatale Form von „Demokra-
tisierung" der Kunst durch Angleichung an das vermeintlich „ge-
sunde Volksempfinden" darstellt – Kunstlenkung durch Funktionäre von Staat und Partei: das sind nur einige der gemeinsamen
Kennzeichen einer solchen Kunstpolitik. Im NS-Staat traten ger-
manische Mythologie, Blut-und-Boden-Mythos und Antisemitismus hinzu. Der Kampf gegen angeblichen „Kulturbolschewismus"
und gegen jegliche Kunst, der man rationale „Zersetzung" des
„Volksempfindens" und der NS-Ideologie vorwarf, galt den Bildenden Künsten nicht weniger als der Literatur. Auch hier wieder
sind die erwähnten Stationen erkennbar: Programmatische Hitler-
Reden, z. B. in Nürnberg 1934, Pflicht zur Genehmigung jeder
Ausstellung durch die Reichskunstkammer seit 1935, Beschlagnahme „entarteter Kunst" seit 1937, Beschlagnahme und Verschleude-
rung wertvollen Kunstbesitzes seit 1938/39. Dieser Kampf galt
keineswegs nur lebenden, keineswegs nur deutschen oder ausschließlich den emigrierten Künstlern. Das Ergebnis lautete: Die
Kunst in Deutschland konnte, sofern sie zur Moderne zählte, nur
noch in Nischen, in innerer Emigration überdauern. „Kunst wurde
Mittel der Propaganda" (Hans Weigert). Die deutschen Künstler
wurden von wegweisenden Traditionen und vom internationalen
Kunstleben abgeschnitten, der Verlust schlug auch in diesem Feld
weitaus höher zu Buche, als bereits Rang und Zahl der Emigranten
vermuten lassen. An ihre Stelle setzte die NS-Kulturpolitik die
Propagierung einer durch Klischees in Sujet und Form geprägten
völkisch-nationalen Kunst, die dem vermeintlichen oder tatsächlichen Massengeschmack entsprach. Sie wurde ergänzt durch eine
Repräsentationsarchitektur des Parteistaats von niederdrückender
Monumentalität und hohlem deklamatorischem Klassizismus.

Gerade den bedeutendsten emigrierten Architekten hingegen gelang es, in den USA Fuß zu fassen: Gropius lehrte in Harvard, gründete getreu seinem Prinzip des Team-Work eine Firma, in der eine Reihe jüngerer Architekten in voller Freiheit zu künstlerischer Selbstverwirklichung zusammenarbeiteten: The Architects' Collaborative. Dieses Team baute beispielsweise das Harvard Graduate Center (1949) und errichtete viele Jahre nach Ende der NS-Herrschaft in Deutschland bei der Internationalen Bauausstellung 1957 einen Wohnblock im Berliner Hansa-Viertel. Überhaupt eröffnete sich nach Ende des Zweiten Weltkriegs einigen der emigrierten Architekten ein internationales Betätigungsfeld. Gropius baute von 1957 bis 1961 unter anderem die US-Botschaft in Athen und 1964 die Rosenthal-Porzellanfabrik in Selb in der Oberpfalz.

Ähnliches ist für Mies van der Rohe zu sagen, der seit 1968 am Armour Institute of Technology in Chicago lehrte, dort auch einige Bauten entwarf, insbesondere aber nach 1945 zu früherer Produktivität zurückkehrte. In einer Reihe bedeutender Entwürfe, die an seine frühe Periode „revolutionärer Glashochhäuser" (Nikolaus Pevsner) anknüpfte, plante er Privathäuser, Wohnblocks, Verwaltungsgebäude in New York, Toronto, Chicago und anderen nordamerikanischen Städten. Zuletzt baute er in Berlin die gläserne Nationalgalerie (1962–1968). Über den Stil dieser Bauten bemerkte Pevsner, er stünde in der Tradition der Zwanziger und Dreißiger Jahre, sei aber nicht geprägt durch die Tendenzen der letzten eineinhalb Jahrzehnte, in denen sie entstanden.

Auch Erich Mendelsohn, der über England und Israel schließlich in die USA einwanderte, konnte erfolgreich seine architektonischen Pläne realisieren. Er war schon in den Zwanziger Jahren in den USA gewesen. Dieser Besuch hatte seine Architektur beeinflußt, wie überhaupt die Verwandtschaft zu architektonischen Strömungen in den USA für die drei genannten Architekten und ihre visionären Bauten den besten Boden darstellte.

Aufgrund dieser Affinität war es für Architekten von Rang möglich, in den USA – aber auch anderen Staaten, wie das Beispiel Bruno Tauts in der Türkei zeigt – erhebliche Wirksamkeit zu erzielen und sogar auf die architekturgeschichtliche Entwicklung der

Gastländer Einfluß zu erlangen. Allerdings ist zu berücksichtigen, daß es sich bei bedeutender Architektur immer auch um instrumentalisierbare Kunst handelte. Zweckbezogenheit und Verwertbarkeit, die auch dem Aufnahmeland in direkter und anschaulich nachvollziehbarer Weise zugute kamen, steigerte die Chance beträchtlich, als Künstler auch in der Emigration weiterarbeiten zu können.

Allein die Zahl der in das *Biographische Handbuch der deutschsprachigen Emigration nach 1933* aufgenommenen – vor allem von Brigitte Bruns dargestellten – Bildenden Künstler beträgt einschließlich der Photographen annähernd 300. Sie bildeten nicht nur in quantitativer, sondern auch in qualitativer Hinsicht einen bedeutenden Teil der kulturellen Emigration.

Je weniger Anschaulichkeit, je weniger Verbalisierung eine Kunst beinhaltete, desto weniger stand sie als oppositionsverdächtig unter dem Verdikt der NS-Herrschaft, desto größer war der Anteil derjenigen, die in erster Linie aufgrund rassistisch motivierter konkreter Bedrohung Deutschland verlassen mußten, also der Anteil der Juden im weitesten Sinne der Nürnberger Gesetze. Im Bereich der Musik waren außer den Künstlern jüdischer Herkunft wiederum die experimentierenden Neuerer betroffen, wenngleich auch hier Ausnahmen zu verzeichnen sind: Während der Zwölftöner Arnold Schönberg emigrierte, konnte Anton von Webern, der sich seit 1924 ebenfalls der Kompositionstechnik der Zwölftonmusik bediente, in seiner seit 1938 von der NS-Diktatur beherrschten österreichischen Heimat bleiben, wo er 1945 starb. Seine größte Wirkung erzielte er aber erst einige Jahre nach Ende der NS-Herrschaft, nicht zuletzt durch seine anregende Wirkung auf Komponisten wie Pierre Boulez, Karlheinz Stockhausen und György Ligeti. Alban Berg hingegen stand nicht vor der Alternative, seine Heimat zu verlassen oder dort zu bleiben, starb er doch einige Jahre vor dem deutschen Einmarsch in Österreich. Das bewahrte seine Schöpfungen aber nicht davor, durch die NS-Kunstpolitik als „entartet" eingestuft zu werden.

Außer Arnold Schönberg zählten beispielsweise die Komponi-

sten Paul Hindemith, Kurt Weill und Hanns Eisler, sowie die Dirigenten Bruno Walter, Erich Kleiber und Otto Klemperer, der
Pianist Rudolf Serkin, die Opernsängerin Gitta Alpar, der Musik-
kritiker Hans Heinz Stuckenschmidt sowie der Musikwissen-
schaftler und Dirigent Kurt Pahlen zu den Emigranten. Immerhin
blieben im NS-Reich Musiker von hohem Rang, etwa Richard
Strauss – dessen unpolitische Egozentrik Klaus Mann in seinem
*Wendepunkt* geißelte –, Carl Orff und Werner Egk sowie die Dirigenten Wilhelm Furtwängler und Herbert von Karajan. Egk und
Furtwängler nahmen im Musikleben nach 1933 Amtsfunktionen
wahr. Auffällig ist, daß bei den Musikern, die zur Emigration gezwungen waren, weniger der Charakter ihres Werkes als jüdische
Herkunft bzw. politische Überzeugung eine ausschlaggebende
Rolle spielten. Der Grund liegt darin, daß große Interpreten auch
während der Diktatur ihrer Arbeit vergleichsweise ungestört nach-
gehen konnten, wenn das Regime sie nicht von vornherein als
Feinde einstufte. Als Kritik am Regime konnte Musik schwer verstanden werden, selbst wenn sie dem herrschenden „Kunstge-
schmack" nicht entsprach; ein Pianist beispielsweise konnte die
Kompositionen der Klassiker oder auch der Komponisten aus Ba-
rock und Romantik – sofern sie nicht als „jüdisch" galten – in sein
Repertoire aufnehmen. Insofern fiel es Musikern oft leichter, das
NS-Regime ohne Niveauverlust zu überstehen, als Malern und Literaten. Aus diesen Gründen war die Mehrzahl der oben erwähnten, in die USA immigrierenden, akademisch ausgebildeten
465 Musiker jüdischer Herkunft.

*Darstellende Künstler*

Zwar gilt eine analoge Einschätzung für Theater und Film, zumal
auch in diesem Fall die Interpretation klassischer Werke der Litera-
turgeschichte als Rückzugsposition möglich war, doch blieben diese Künste auf das Wort angewiesen, damit erhöhte sich die Kolli-
sionsgefahr mit der offiziellen NS-Kulturpolitik beträchtlich. Für
das Kabarett, das im Exil wieder auflebte, wie beispielsweise Erika

Manns „Pfeffermühle" zeigt, oder für dezidiert „Politisches Theater" im Sinne Erwin Piscators und Bertolt Brechts verstand sich die
Ablehnung des NS-Staats von selbst. Die Schwierigkeiten, denen
sich gerade Schauspieler gegenübersahen, und die Chancen, die
ihnen andererseits der NS-Staat bot, sind bereits erwähnt worden.
Um so beachtlicher ist der Anteil der Theaterleute an der kulturellen Emigration: Für das *Biographische Handbuch* wurden 580 Bio-
graphien von Schauspielern, Regisseuren, Dramaturgen, Theater-
leitern, Bühnenbildnern, Tänzern, Choreographen, Kabarettisten,
Theater- und Musikkritikern ausgewählt. Unter den Emigranten
dieses Sektors befand sich der größte Teil derjenigen Persönlichkeiten, die dem deutschsprachigen Theater der Zwanziger Jahre
Weltruf eingetragen und die durch kühne und originelle Inszenie-
rungen oder schauspielerische Leistungen für Theater und Film
Neuland erschlossen hatten. Die namhaftesten Regisseure unter
den Emigranten waren: Max Reinhardt, Erwin Piscator, Fritz
Kortner, Leopold Lindtberg, Fritz Jessner, Leopold Jessner. Weiter
sind zu nennen Helene Weigel, Bert Brecht, Peter Beauvais, Ernst
Häussermann, Falk Harnack, Wolfgang Heinz, Kurt Hirschfeld,
Fritz Lang, Heinrich Schnitzler, Leonhard Steckel, George Tabori,
Berthold Viertel und der nach 1945 tätige Peter Zadek. Stellvertre-
tend für die große Zahl der emigrierten Schauspieler sei erinnert
an: Elisabeth Bergner, Ernst Deutsch, Tilla Durieux, Therese
Giehse, Marlene Dietrich, Albert Bassermann, Maria Becker, Curt
Bois, Ernst Busch, Eva Busch, Alexander Granach, Johanna Hofer, Lotte Lenya, Peter Lorre, Lucie Mannheim, Valérie von Mar-
tens, Grete Mosheim, Carola Neher, Max Pallenberg, Karl Paryla,
sowie die nach dem Krieg bekannt gewordenen Peggy Parnass,
Maria und Maximilian Schell, Lotte Stein, Helen Vita, Kadidja
Wedekind, schließlich an die Tänzer, Choreographen und Tanz-
pädagogen Yvonne Georgi, Valeska Gert und Hans Züllig sowie
den Bühnenbildner Teo Otto und die Photographen Gisèle Freund
und Fritz Neugass.
  Wie im Falle der emigrierenden Schriftsteller verquickten sich
bei den Genannten meist verschiedene Motive: Neben jüdischer
Herkunft waren außerordentlich oft politische Gründe für die

Emigration ausschlaggebend, da das Theater als integraler Bestandteil der Weimarer Kultur an deren politischem Impetus teilhatte und viele der Schauspieler und Regisseure linksorientiert waren.

Auch aus dem Sektor der Darstellenden Kunst wurden viele der provokativsten und anregendsten Künstler der Weimarer Zeit vertrieben. Es dauerte nach Ende der NS-Herrschaft viele Jahre, bis an diese Tradition wieder angeknüpft werden konnte: In ihr standen das Ostberliner Theater am Schiffbauerdamm – die Wirkungsstätte Bertolt Brechts und Helene Weigels –, die Freie Volksbühne im Westteil Berlins, an der Erwin Piscator bis zu seinem Tod wirkte, sowie andere, insbesondere Berliner und Münchener Bühnen, an die Fritz Kortner und Ernst Deutsch zurückkehrten. Die Tradition des Politischen Theaters nahmen vor allem seit den 1960er Jahren Bochumer und Bremer Bühnen sowie die Schaubühne am Halleschen Ufer in Berlin wieder auf, die vor kurzem in einem Bau Erich Mendelsohns am Kurfürstendamm ein repräsentatives Domizil fand. Diese Renaissance des Theaterlebens nach Ende des Zweiten Weltkriegs erfolgte unter der doppelten Voraussetzung der noch zu behandelnden Rückkehr vieler Theaterleute nach Deutschland und der oben erwähnten fortbestehenden Theatertradition auch im NS-Reich, an die besonders Gustaf Gründgens in Düsseldorf und Hamburg anschließen konnte. Der außerordentlich innovatorische Ertrag der im *Biographischen Handbuch der deutschsprachigen Emigration nach 1933* von Helmar Klier erstellten Lebensbeschreibungen erlaubt es, erstmals aufgrund gesicherter Materialien eine Gesamtdarstellung der Geschichte der emigrierten Theaterleute zu schreiben: Sie ist ein wesentlicher Baustein für eine deutsche Theatergeschichte von der Weimarer Republik bis in die Nachkriegszeit.

## Naturwissenschaftler

Die Lage der wissenschaftlichen Einzeldisziplinen während der NS-Diktatur und ihre spezifischen Voraussetzungen für die Emigration kann hier nicht eingehend dargestellt werden, die wichtigsten Aspekte sind eingangs genannt worden.

Unter dieser Voraussetzung sind einige Schwerpunkte der Wissenschaftleremigration zu nennen. Dabei ist zu berücksichtigen, daß es kaum eine Wissenschaft gegeben hat, die nicht herbe Verluste durch die Emigration erlitt: Das gilt auch für diejenigen Bereiche, die während der NS-Diktatur vergleichsweise intakt blieben oder doch die Attacken der Kulturfunktionäre relativ gut überstanden. Die Zahl der in den Archiven des Instituts für Zeitgeschichte und der Research Foundation for Jewish Immigration enthaltenen Wissenschaftler beträgt ungefähr 6 250, also mehr als ein Viertel der 25 000 dokumentierten Emigranten.

Unter den emigrierenden Wissenschaftlern befanden sich einige der berühmtesten Naturwissenschaftler des 20. Jahrhunderts, darunter nicht weniger als 24 Nobelpreisträger: die Physiker Albert Einstein, James Frank, Erwin Schrödinger, Max Born, Viktor Hess, Otto Stern, Felix Bloch, Hans Bethe, Dennis Gabor, Arno Penzias, die alle den Nobelpreis ihres Faches erhielten; die Chemiker Richard Willstätter, Fritz Haber, Peter Debye, Georg Karl von Hevesy, Max Ferdinand Perutz, Gerhard Herzberg, die vor oder während der Emigration mit dem Nobelpreis für Chemie ausgezeichnet wurden; die Nobelpreisträger für Physiologie und Medizin Otto Fritz Meyerhof, Otto Loewi, der Biologe Max Ludwig Delbrück, Sir Bernard Katz und die Biochemiker Sir Hans Adolf Krebs, Sir Ernst Boris Chain, Konrad Emil Bloch, Fritz Lipmann und schließlich der Physicochemiker Wolfgang J. Pauli.

Neben den Nobelpreisträgern standen eine ganze Reihe weiterer Naturwissenschaftler ersten Ranges, die zur Emigration gezwungen waren und die in sehr unterschiedlichen, hier im einzelnen nicht zu würdigenden Spezialgebieten außergewöhnliche Leistungen erbrachten.

Das *Biographische Handbuch der deutschsprachigen Emigration nach 1933* enthält annähernd 1 000 Naturwissenschaftler und Ingenieurwissenschaftler sowie 500 Mediziner und Pharmakologen. Zu diesen Gruppen zählten bekannte und führende Vertreter nahezu aller Disziplinen. Schon wenige exemplarische Hinweise vermitteln einen Eindruck von der Fülle der Arbeitsbereiche. Unter den Chemikern bzw. in diesem speziellen Fall auch Physikern nahm Lise Meitner eine herausragende Stellung ein: sie forschte wegweisend in der Radiochemie und der Kernphysik, war seit 1918 Leiterin der Physikalischen Abteilung des Kaiser-Wilhelm-Instituts für Chemie in Berlin und wandte auf Otto Hahns und Fritz Straßmanns Entdeckung den Begriff „Kernspaltung" an. Weiter zählten zu den Chemikern: der Erfinder der Trockenzellenbatterie Emil Abel, der 1938 nach Großbritannien emigrierte, der u.a. an der Entwicklung von Kunststoffen arbeitende Stefan Goldschmidt, der schon 1946 zurückkehrte und seit 1947 einen Lehrstuhl für Organische Chemie an der TU München innehatte, der Beiträge zur Entdeckung des Radiums leistende Anorganiker Willy Marckwald, der 1942 im brasilianischen Exil (Rolandia) starb, sowie Friedrich Franz Nord, der u.a. durch Untersuchungen über Enzyme hervortrat.

Zu den Biochemikern zählte neben den erwähnten Nobelpreisträgern unter anderen Hermann Lehmann, seit 1936 Professor in Cambridge, der zahlreiche abnorme Hämoglobine entdeckte und erforschte.

Der Rang der Physiker-Emigration ergibt sich, wie die in den anderen erwähnten Naturwissenschaften auch, allein schon aus der beträchtlichen Zahl von 11 Nobelpreisträgern. Bedenkt man, daß auch unter den weiteren emigrierenden Physikern eine ganze Reihe zur Weltelite gehörten – zum Beispiel der Kernphysiker Edward Teller, der maßgeblich an der Entwicklung der Atombombe und der Wasserstoffbombe beteiligt war – dann wird deutlich, welchen Verlust die in den 1920er Jahren eine internationale Spitzenstellung einnehmende Physik Deutschlands erlitt. Zu den bekannten deutschen Astrophysikern zählte Robert Emden, der unter anderem wichtige Untersuchungen über die *Thermodynamik des Himmelskörpers* (1926) durchführte: 1936 emigrierte er in die Schweiz. Zu den führenden Geologen und Mineralogen bzw. Geographen zählten Wilhelm Salomon-Calvi und Leo H. Waibel. Ein führender, in die Emigration gehender Mathematiker war Paul Bernays, er zählte zu den Pionieren mathematischer Grundlagenforschung, entstammte dem Göttinger Kreis Leonhard Nelsons und war Ko-Autor des bedeutenden Werkes *Grundlagen der Mathematik* (2 Bände, 1934/1939). Außerdem trat er durch bahnbrechende Beiträge zur Axiomatik der Mengenlehre hervor. Vor der Emigration war er Professor an der Universität Göttingen, danach in Helsinki und Zürich.

Erheblich zur Entwicklung der Computermathematik trug Joseph Frederick Taub bei, der an führenden amerikanischen Universitäten und Forschungsinstituten arbeitete – zum Beispiel am Massachusetts Institute of Technology in Cambridge/Mass. – und zur zweiten Generation der Emigranten zählt: er mußte Deutschland aufgrund jüdischer Herkunft 1939 im Alter von sieben Jahren verlassen. Emigrieren mußte auch Thomas Manns Schwiegervater, der Mathematiker Alfred Pringsheim, dem bedeutende Untersuchungen zur Zahlen- und Funktionslehre zu verdanken sind und der 1939 im Alter von 89 Jahren in die Schweiz einwanderte.

Zu den bekanntesten Biologen gehörte Charlotte Auerbach, der Pionierleistungen bei der Erforschung von Mutationen gelangen. Der Botaniker Johann Gustav Gassner zählte zu den wenigen atypischen Fällen, die nach Emigration – in diesem Fall in die Türkei – noch während der NS-Diktatur nach Deutschland zurückkehrten. Nach dem Krieg wurde er Präsident der späteren Bundesanstalt für Landwirtschaft in Braunschweig. In der Emigration blieb indes der Zoologe Richard Benedikt Goldschmidt, der durch Untersuchungen zur Genphysiologie hervortrat; seit 1921 war er Direktor des Kaiser-Wilhelm-Instituts für Biologie in Berlin, bis er 1935 in die USA emigrieren mußte.

Stellvertretend für weitere hier im einzelnen nicht zu würdigende Fachgebiete seien erwähnt: die Ingenieure Karl Anton von Terzaghi aus Prag, der zu den Planern des Assuan-Staudammes gehörte und Professor der Harvard University war, Hans Motz aus Wien, der Erfinder des freien Elektronenlasers, der Metallurge George Oskar Sachs, der Radiologe Leopold Freund, Begründer der medizinischen Radiologie und Röntgentherapie, der Dermatologe Oscar Gans, der Physiologe Ernst Simonson, der Pathologe, Medizin- und Wissenschaftshistoriker Walter Pagel. Natürlich erscheint eine solche Auswahl beliebig, doch ist sie ebenso beliebig zu verlängern und dies hat Ausssagewert.

## Juristen

Das *Biographische Handbuch* enthält ungefähr 150 wissenschaftlich tätige Juristen. Diese Zahl erscheint vergleichsweise gering. Allerdings sind die zahlreichen in Politik, Verwaltung und Diplomatischem Dienst tätigen Juristen nicht inbegriffen. Zu den herausragenden Vertretern der Rechtswissenschaft zählten unter anderem: Karl Loewenstein, Hermann Heller, Hans Kelsen, Hugo Sinzheimer, Otto Kahn-Freund, Ernst Fraenkel, Gerhard Leibholz, Otto Kirchheimer, Arthur Lenhoff, Fritz Morstein-Marx, Ernst Heinitz, Hans von Hentig, Hermann Kantorowicz, Erich Kaufmann, Robert M. Kempner, Stephan G. Kuttner, Ernst Lewy, Hans Nawiasky, Fritz Pringsheim, Walther Schücking, Werner von Simson, Hans Julius Wolff, Martin Wolff, schließlich der Diplomat und Völkerrechtler Hermann Meyer-Lindenberg.

Unter den emigrierenden Juristen bildeten die bedeutenden Verfassungsrechtler bzw. Staatsrechtslehrer einen deutlichen Schwerpunkt; einige der Genannten wirkten wegweisend als Arbeitsrechtler, andere wiederum als Völkerrechtler. Die Emigration begünstigte in diesem Personenkreis die Ausbildung vergleichender Fragestellungen: So verfaßten Loewenstein und Fraenkel grundlegende Untersuchungen über das englische bzw. amerikanische Regierungssystem. Kahn-Freund führte arbeitsrechtliche Forschungen über die „industriellen Beziehungen" (industrial relations) in England durch und erarbeitete daneben vergleichende Untersuchungen zum internationalen Privatrecht sowie zur Methodologie juristischer Komparatistik. Manche der exilierten Juristen hatten es insofern leichter, im Gastland Fuß zu fassen, als sie schon vor ihrer Vertreibung rechtsvergleichend gearbeitet hatten, zum Beispiel Martin Wolff, der schließlich in Oxford lehrte, oder Hans Julius Wolff, der seit 1935 Professor für Römisches Recht und Zivilrecht in Panama, dann in den USA wurde, schließlich 1952 an die Universität Mainz berufen wurde. Ähnliches gilt für Stephan G. Kuttner, dessen Arbeitsgebiet des Kanonischen Rechts es ihm ermöglichte, nach der Emigration zunächst im Vatikan Fuß zu fassen. Er lehrte von 1937 bis 1940 an der Lateran Universität in Rom, bevor er eine glanzvolle internationale Karriere machte, die durch zahlreiche Ehrungen, Akademiemitgliedschaften und Ehrenpromotionen führender Universitäten der westlichen Welt gekrönt wurde.

Diese Juristen – von denen nur einige genannt werden können – sind ein eindrucksvolles Beispiel, in welcher Weise durch die Konfrontation mit der Rechtsentwicklung im Gastland die erzwungene Emigration wissenschaftlich fruchtbar werden konnte. Die internationale wissenschaftliche Diskussion erhielt durch solche Aktivitäten einen mächtigen Impuls. Die vorliegende Dokumentation der Juristen ermöglicht es künftig, die Folgen dieser Exilierung nachzuvollziehen und die damit verbundene Internationalisierung verfassungsrechtlicher, privatrechtlicher und arbeitsrechtlicher Thematik darzustellen. Ein nicht geringer Teil solcher Untersuchungen ist die Rückwirkung auf die rechtswissenschaftliche Diskussion in der Bundesrepublik Deutschland seit 1949 und vor allem die Aufnahme vergleichender Regierungslehre in eine zwischen Jurisprudenz und Geschichtswissenschaft angesiedelte Politologie.

### Nationalökonomen

Auch zu den emigrierenden Nationalökonomen zählen herausragende Persönlichkeiten mit ähnlich grenzüberschreitender Wirkung: So der führende Gewerkschaftstheoretiker Goetz Briefs, dessen grundlegende Untersuchung über das gewerbliche Proletariat bereits 1926 erschien. In der amerikanischen Emigration lehrte er zuerst an der Georgetown University in New York. In den USA verfaßte er weitere, die von ihm begründete Betriebssoziologie vorantreibende Untersuchungen und setzte unter fruchtbarer Auswertung der neuen Erfahrungen seine Forschungen zur Stellung der Gewerkschaften in der Gesellschaft fort. Alexander Rüstow verfaßte das große Werk *Ortsbestimmung der Gegenwart* (1950–1956). Wilhelm Röpke war ein weiterer Vertreter des sozialphilosophisch geprägten ökonomischen Neoliberalismus in der Emigration, dessen ideelle Beziehung zum Freiburger Ordo-Liberalismus eines Walter Eucken nicht abriß. Franz Oppenheimer, Lehrer des späteren Wirtschaftsministers und Bundeskanzlers Ludwig Erhard, suchte in einer soziologisch geprägten Nationalökonomie ebenfalls nach einem Weg zwischen Kapitalismus und Kommunismus, wobei er einen „liberalen Sozialismus" verfocht. Zu nennen ist auch Fritz Baade, der spätere Direktor des Instituts für Weltwirtschaft in Kiel und sozialdemokratische Bundestagsabgeordnete.

Ein Blick auf die Neuordnung der deutschen Volkswirtschaft in der Bundesrepublik Deutschland zeigt, in welchem Maße sich die nationalökonomischen Prinzipien der Freiburger Schule aus den letzten Kriegsjahren (Ludolf Herbst) verbanden mit den nationalökonomischen und gesellschaftlichen Reflexionen der erwähnten Emigranten, die auf diese Weise zu Mitgestaltern des Neuaufbaus in Westdeutschland geworden sind: Die Erfahrungen der deutschen Wirtschaftsgeschichte seit 1919 gingen so mit den sozialökonomischen Erkenntnissen, die die emigrierten Nationalökonomen in den USA sammelten, eine Symbiose ein, die konstituierend für die westdeutsche Wirtschaftspolitik der Nachkriegszeit wurde.

Zu den Nationalökonomen im amerikanischen Exil gehörten der auch als Wirtschaftshistoriker bekannte Alexander Gerschenkron und der Österreicher Joseph Schumpeter, der bis 1932 an der Universität Bonn und seitdem an der Harvard University lehrte. Neben Schumpeters großangelegten sozialökonomischen Deutungen der Gegenwart, die in den USA und in Europa beträchtliche Wirkung erzielten, stehen die 1942 in New York und 1950 in deutscher Übersetzung veröffentlichte Darstellung *Kapitalismus, Sozialismus und Demokratie* sowie seine fundamentalen Analysen zur Konjunkturtheorie. In zahlreichen Arbeiten vertrat Schumpeter einen eigenwilligen Sozialismus. Er verband die „wissenschaftlichen Methoden des deutschen und des angloamerikanischen Gebiets" und lieferte damit „die erste umfassende, zugleich theoretische, geschichtliche und statistische Analyse der kapitalistischen Entwicklung", wie der Schweizer Nationalökonom Edgar Salin über Schumpeters 1939 in New York veröffentlichtes, zweibändiges Hauptwerk *Business Cycles* schrieb.

Unter dem Gesichtspunkt wirtschaftspolitischer Erfahrungen der Zwischenkriegszeit und ihrer politischen Verwertung nach 1945 sind in dieser Emigrantengruppe auch Wirtschaftspublizisten wie der Österreicher Gustav Stolper zu nennen. Neben praktischen wirtschaftspolitischen Aktivitäten entfaltete er als Wirtschaftshistoriker und als strikter Theoretiker des ökonomischen Liberalismus eine beachtliche wissenschaftliche Tätigkeit. Stolper hatte vorzügliche Verbindungen zu wichtigen Politikern, die Revision der radikalen – auf Verhinderung wirtschaftlichen und industriellen Wiederaufstiegs gerichteten – Deutschlandpolitik in den USA nach dem Zweiten Weltkrieg erfolgte auch unter seinem Einfluß, 1947 wurde er Mitglied der Hoover-Mission. Bereits 1966 hat Hans Peter Schwarz auf die positive Einwirkung von Emigranten wie Stolper und Röpke auf die öffentliche Meinung in den USA und deren Deutschlandpolitik hingewiesen: „So wird . . . die vergleichende Analyse der Ideenentwicklung innerhalb und außerhalb Deutschlands den wichtigen Beitrag der Emigration zu würdigen haben, einen Beitrag, der nicht allein auf ideologischem Gebiet geleistet wurde, sondern oft auch sehr praktischer Art war . . . manche Emigranten erfüllten auf die eine oder andere Weise wichtige, bisher noch wenig gewürdigte Mittlerfunktionen."

Eine vergleichbare Rolle spielte der im englischen Exil lebende Nationalökonom Moritz Julius Bonn, der bereits in der Weimarer Zeit bedeutsame Aufgaben bei der Gestaltung internationaler Wirtschaftsbeziehungen wahrgenommen hatte. 1919 war er Mitglied der deutschen Delegation in Versailles, danach Reparationssachverständiger in der Reichskanzlei, deutsches Delegationsmitglied bei wichtigen internationalen wirtschaftspolitischen Konferenzen. Gleichzeitig war er Ordinarius und zeitweise Rektor der Berliner Handelshochschule. Nach 1933 begann er an der London School of Economics eine zweite akademische Karriere und war zwischen 1939 und 1946 wiederholt Gastprofessor nordamerikanischer und kanadischer Universitäten: Auch er erwies sich nach 1945 als einer derjenigen Emigranten, die vor einer Gleichsetzung von NS-Diktatur und Deutschland warnten, und setzte seine vielfältigen internationalen Beziehungen in diesem Sinne ein. Über Freunde und ehemalige Schüler erlangte er indirekt Einfluß auf die Wirtschafts- und Gesellschaftspolitik Westdeutschlands. Zu seinem engen Freundeskreis zählten unter anderen Theodor Heuss, Anton Pfeiffer und Wilhelm Vocke, der Präsident der Bank Deutscher Länder. In seinem Buch *So macht man Geschichte* hat Bonn 1953 über seine Lebenserfahrungen berichtet. Fritz Neumark war einer derjenigen Nationalökonomen und Finanzwissenschaftler, die aus dem Exil zurückkehrten und ebenfalls wichtige Stellungen erlangten. Er wurde 1952 Ordinarius an der Universität Frankfurt/Main, war dort auch Rektor und wirkte in zahlreichen finanzpolitischen Beratungsgremien mit.

### Sozialwissenschaftler

Von den Sozialwissenschaftlern in der Emigration – das *Biographische Handbuch* zählt unter Einschluß der Ökonomen ca. 490 – ist Vergleichbares zu konstatieren, obwohl sie nach 1945 nicht in gleichem Maße praktischen Einfluß auf die politische Entwicklung Westdeutschlands und seine Beziehungen zu den westlichen Demokratien erreichen konnten wie die erwähnten Nationalökonomen.

Nach 1933 verzeichneten auch die Sozialwissenschaften einen überaus gravierenden Verlust an Forschungs- und Lehrkapazität. Neben den bereits erwähnten Mitgliedern des Frankfurter Instituts für Sozialforschung – die eine sozialphilosophisch und gesellschaftskritisch orientierte Methode innerhalb der Sozialwissenschaften vertraten – mußten eine ganze Reihe bedeutender Sozialwissenschaftler anderer Forschungsrichtungen emigrieren. Sie stellen einen der gewichtigsten Anteile der Wissenschaftsemigration dar: Diese Emigration stand unter der schon erörterten doppelten Voraussetzung politischer Mißliebigkeit infolge überproportionaler Zugehörigkeit zur politischen Linken verschiedener Spielart sowie des ebenso überproportionalen Anteils an Menschen jüdischer Herkunft.

Zu den emigrierenden Sozialwissenschaftlern zählten Theodor Geiger, Emil Lederer, Emil Grünberg, Friedrich Pollock, Karl Mannheim, René König, Siegfried Kracauer, Paul Lazarsfeld, Fritz R. Behrendt, Emil J. Gumbel, Norbert Elias, Siegfried Landshut, Helmuth Plessner, Otto Neurath, Alphons Silbermann, Karl August Wittfogel, Hans Speier, Hans Gerth, Rudolf Heberle, Reinhard Bendix, Ernst Manheim, Wolfgang Hirsch-Weber, Kurt H. Wolff, Kurt L. Shell, Henryk Grossmann, Rudolf Hilferding, Carl Landauer. Je nachdem, wie weit die Grenzen der Sozialwissenschaft bzw. der Soziologie gezogen werden, können weitere Emigranten zu diesem Personenkreis gerechnet werden. M. Rainer Lepsius hat in seinem jüngst veröffentlichten Aufsatz über die sozialwissenschaftliche Emigration darauf hingewiesen, daß die Disziplinen Soziologie und Politische Wissenschaft in den Zwanziger Jahren noch keineswegs eindeutig definiert gewesen seien und von den 151 Mitgliedern der Deutschen Gesellschaft für Soziologie bei großzügiger Auslegung nur ein Drittel als Soziologen zu bezeichnen sei. In der Tat hat gerade die Begegnung mit den amerikanischen Sozialwissenschaften zur Klärung beigetragen. Auf jeden Fall ist es möglich, Kultursoziologen und Kunsthistoriker wie Arnold Hauser oder auch den deutschsprachigen ungarischen Philosophen und Literatursoziologen Georg Lukács ebenfalls in diese Gruppe aufzunehmen. Erich Fromm und Bruno Bettelheim können sowohl der Psychologie als auch der Sozialwissenschaft zugeordnet werden. Auch im Falle der Sozialphilosophen Herbert Marcuse oder Otto Neurath ist eine Zurechnung zur Sozialwissenschaft wie zur Philosophie möglich.

Die Unterschiedlichkeit in Methoden und Fragestellungen der genannten Sozialwissenschaftler verweist auf einen allgemeineren Tatbestand, der bereits in bezug auf die Gesamtemigration und einzelne ihrer Sektoren sichtbar wurde: Auch die „sozialwissenschaftliche Emigration stellt keine Einheit dar, sie ist nach Alter, Herkunft, beruflicher und politischer Orientierung heterogen. Sie bildet sich nur durch eine gemeinsame biographische Erfahrung, nämlich die politisch veranlaßte, wenn nicht erzwungene Auswanderung oder Flucht aus dem Herrschaftsbereich des nationalsozialistischen Regimes" (M. R. Lepsius). Lepsius hat die Folgen der Emigration für die deutschsprachige Sozialwissenschaft analysiert: Infolge der Emigration gerade sozialistischer Intellektueller sei die makrosoziologische Strukturanalyse des Kapitalismus, die für die deutsche Soziologie vor dem Ersten Weltkrieg charakteristisch gewesen ist, abgebrochen und erst in den Sechziger Jahren über die Frankfurter Schule wiederbelebt worden. In Deutschland habe sich infolge der Unterdrückung durch die NS-Diktatur eine Art „Volkssoziologie" durchgesetzt, in der nicht das als künstlich empfundene Konstrukt der „Gesellschaft", sondern die „natürlichen" und „gewachsenen" Formen – das Volk selbst – Erkenntnisgegenstand geworden seien: Eine Flucht in vorindustrielle Gesellschaftsformen mit der Opposition gegen Industrialisierung, Verstädterung, Verrechtlichung der Sozialbeziehungen sei für diese „deutsche" Soziologie nach 1933 charakteristisch gewesen.

Dieser „Regreß" entspricht der eingangs dargestellten nationalsozialistischen Reaktion auf die Weimarer Republik. Eine Reihe der emigrierenden Sozialwissenschaftler ist durch empirische Untersuchungen zur gesellschaftlichen Schichtung hervorgetreten, ihre mit analytischem Seziermesser durchgeführten Forschungen strebten eine rationale Gesellschaftsanalyse an, die diametral der gesellschaftlichen Integrationsideologie des Nationalsozialismus entgegenstand. Die Frankfurter analysierten die Hierarchisierung des Nationalsozialismus und ihre sozialen Identifikationsmuster: schon dieser Forschungsansatz war den NS-Machthabern verhaßt.

Dem Kreis der Emigranten entstammten Analysen des heraufkommenden Nationalsozialismus Anfang der Dreißiger Jahre. Sie hatten die Form von Zeitdiagnosen, aber schon bald gesellte sich sozialgeschichtliche Ursachenforschung hinzu: Werke höchst unterschiedlichen Charakters, aber von hohem zeitgeschichtlichen Interesse entstanden damals. In diese Rubrik gehören im weiteren Sinn auch die zeit- und ideologiekritisch ausgerichteten Darstellungen über Hitler bzw. den Nationalsozialismus von Hermann Rauschning. Er zählte zu den ehemaligen Hitler-Vertrauten und verfaßte später die *Revolution des Nihilismus. Kulisse und Wirklichkeit im Dritten Reich,* die 1938 in Oprechts Zürcher Europa Verlag herauskam; 1940 publizierte er im gleichen Verlag seine in viele Sprachen übersetzten *Gespräche mit Hitler.* Aus diesem Genre stammten ebenfalls die 1935 bei Querido in Amsterdam veröffentlichte Hitler-Biographie des Publizisten Rudolf Olden, die in Zürich 1936–1937 veröffentlichte Hitler-Biographie Konrad Heidens sowie seine schon 1932 erschienene Darstellung zur Geschichte des Nationalsozialismus.

Mit sozialwissenschaftlichem Instrumentarium versuchten hingegen Soziologen die Ursachen des Nationalsozialismus zu erforschen, wobei sie in methodischer Hinsicht Pionierleistungen erbrachten, die in der westdeutschen Forschung erst seit den Sechziger Jahren rezipiert wurden. Zu den frühesten Analysen dieser Art gehören Rudolf Heberles bereits 1934 abgeschlossene Untersuchung über *Landbevölkerung und Nationalsozialismus* am Beispiel Schleswig-Holsteins 1918–1932, die das Institut für Zeitgeschichte 1963 in deutscher Sprache veröffentlichte. Weiter sind zu nennen: Theodor Geigers Analysen zur sozialen Schichtung und zur *Panik im Mittelstand,* die schon vor 1933 erschienen, und Hans Speiers Untersuchungen über die *Soziologie der deutschen Angestelltenschaft* (1933), die vollständig erst 1977 unter dem Titel *Die Angestellten vor dem Nationalsozialismus* in deutscher Sprache publiziert wurden.

Ganz anderer Art, jedoch von großem methodologischen Interesse sind die *Studien über Autorität und Familie* bzw. über den „autoritären Charakter" aus dem ehemals Frankfurter, bzw. damals Pariser Institut für Sozialforschung (1936), die eine soziologische Verhaltensforschung zu dieser Thematik einleiteten. Die Studie von Erich Fromm *Arbeiter und Angestellte am Vorabend des Dritten Reiches. Eine sozialpsychologische Untersuchung,* die den gesellschaftskritischen Forschungsansatz der Frankfurter Schule mit psychoanalytischen Fragestellungen verband, wurde erst 1980 in der Bundesrepublik Deutschland veröffentlicht. In weiterem Sinne gehören auch die ersten großen politikwissenschaftlichen Strukturanalysen der NS-Herrschaft in diesen Themenkreis, die ebenfalls zuerst in den USA und dann in den Sechziger Jahren in der Bundesrepublik herauskamen: Franz Neumanns *Behemoth* und Ernst Fraenkels *Doppelstaat* – ein lange Jahre für die Konzeptionsbildung der NS-Forschung grundlegendes Buch. All diese Werke errangen bald erhebliche Resonanz, das zeigte sich nicht zuletzt darin, daß Neuauflagen in Paperback- bzw. Taschenbuchform erschienen. Allerdings blieb die Rezeption weitestgehend auf die Bundesrepublik beschränkt, in der DDR werden diese Werke weiterhin ignoriert. Frühe persönliche Betroffenheit prägte die Fragestellungen: Erfahrung der politisch-gesellschaftlichen Systeme Westeuropas und der USA kam den Analysen zugute. – Große Bedeutung für die Erforschung frühneuzeitlicher Mentalitäts- und Sozialgeschichte gewannen seit den 1960er Jahren die Werke von Norbert Elias, vor allem: *Über den Prozeß der Zivilisation* (zuerst 1939, Neuauflagen seit 1969) sowie *Die höfische Gesellschaft* (1969).

Die Emigration ihrer führenden Vertreter unterbrach die Ende der Zwanziger Jahre erfolgte Hinwendung zu Methoden der empirischen und angewandten Sozialforschung nachhaltig, die deutsche Soziologie blieb für Jahrzehnte von diesem zentralen Sektor moderner Sozialwissenschaft abgeschnitten; ihre Ergebnisse wurden, wie Lepsius bemerkt, bis heute nicht systematisch rezipiert: „Die sozialwissenschaftliche Emigration ist nicht nur ein Auszug von Personen, sondern auch ... ein Auszug von spezifischen sozialwissenschaftlichen Paradigmen." Es überrascht nicht, daß die Kehrseite dieses Verlustes ein überragender Einfluß innovatorischer Emigranten auf die amerikanische Sozialwissenschaft gewesen ist, der die ohnehin durch Talcott Parsons schon in den Zwanziger Jahren eingeleitete Rezeption Max Webers in den USA fortsetzte. Eine Wirkung dieser Art, die auch in anderen wissenschaftlichen Disziplinen erfolgte, bedürfte weitergehender Erforschung, deren empirische Basis durch die vorliegende Dokumentation der Berufslaufbahnen und Publikationen im Exil durch das *Biographische Handbuch der deutschsprachigen Emigration nach*

*1933* entscheidend erweitert worden ist: Künftig ist es möglich, auch den Gewinn für die Aufnahmeländer in systematischer, alle wichtigen Vertreter einer Wissenschaft umfassenden Weise zu untersuchen und auf dieser Grundlage einen wissenschaftsgeschichtlichen Vergleich der Einzeldisziplinen durchzuführen. Herbert A. Strauss hat in seinem Einleitungsteil zum zweiten Band des *Biographischen Handbuchs* den Weg gewiesen.

Zweifelsfrei war die kulturelle Bereicherung für die Immigrationsländer außerordentlich – jedenfalls in solchen Staaten, die sich der wissenschaftlichen Arbeit der Einwanderer öffneten. In manchen Ländern wies die Aktivität der Emigranten dem Aufbau ganzer wissenschaftlicher Disziplinen den Weg, in den USA beispielsweise der Musikwissenschaft sowie der Kunstgeschichte. Im angelsächsischen Wissenschaftsverständnis wirkt bis heute der „Logische Positivismus" des Wiener Kreises nach, zu dem zahlreiche Emigranten zählten. Die in der kritischen Auseinandersetzung mit dieser Schule erarbeitete Wissenschaftstheorie eines Karl R. Popper, des heute in London lebenden Philosophen, erlangte eine noch immer aktuelle Weltgeltung. Ähnliche Wirkungen gingen von einigen naturwissenschaftlichen Disziplinen aus – vor allem der Kernphysik – oder auch von den nahezu vollständig vertriebenen Psychoanalytikern. Wenngleich manche dieser wissenschaftlichen Richtungen häufig schon vor 1933 im angelsächsischen Kulturbereich rezipiert wurden – z. B. die erwähnten Disziplinen der Philosophie in England und der Physik in den USA –, so ist doch eine weit darüber hinausgehende Verstärkung dieses Einflusses infolge der Emigration nachweisbar. Eine von den NS-Machthabern keineswegs angestrebte, aber unübersehbare Folge ist zweifellos die Internationalisierung der Wissenschaft insbesondere in soziologischen, politologischen, psychologischen, juristischen und kunsthistorischen Disziplinen gewesen – auf Kosten der Betroffenen und um den Preis der Provinzialisierung gerade dieser Wissenschaften für zwei Jahrzehnte in Deutschland.

Das *Biographische Handbuch der deutschsprachigen Emigration nach 1933* enthält insgesamt 290 Psychologen und Psychiater. Nach Schätzungen sind nahezu 50% der ungefähr 600 deutschen Psychiater nach 1933 emigriert (Uwe Hendrik Peters). Unter ihnen waren herausragende Vertreter ihres Faches, besonders stark war der Anteil der Psychoanalytiker der Schule Sigmund Freuds, der ebenso wie seine Tochter Anna Freud aus Wien nach London emigrieren mußte. Ein Blick auf weitere Namen ihres Umkreises zeigt, wie groß der Aderlaß war: Otto Fenichel, Felix Deutsch, Helene Deutsch, Karen Horney, Robert Waelder, Theodor Reick, Wilhelm Reich, Erik H. Erikson, Siegfried Bernfeld, Otto Rank, René Spitz, Max Schur, Bruno Bettelheim, Erich Fromm sind die bekanntesten. Kaum ein bedeutender Psychoanalytiker blieb im NS-Reich, zu den ganz wenigen von Rang gehörte der Wiener Pädagoge August Aichhorn, Begründer einer psychoanalytisch orientierten Pädagogik. Die psychoanalytischen Vereinigungen und ihre Institute in Wien, Berlin und Frankfurt/Main wurden durch die Nationalsozialisten aufgelöst, nur wenige ihrer Mitglieder konnten in Deutschland bleiben, in Berlin etwa Carl Müller-Braunschweig und Harald Schultz-Hencke. Die Vertreibung der Psychoanalytiker in den Jahren 1933 bis 1938 hatte eine doppelte Konsequenz: Diese theoretische und therapeutische Richtung moderner Psychologie verschwand für Jahrzehnte aus Deutschland und wurde in größerem Umfang erst seit den 1960er Jahren in der Bundesrepublik, kaum aber in der DDR, wieder rezipiert, während diese Schule im angelsächsischen Bereich, besonders in den USA, großen Einfluß erlangte und zeitweise sogar zu einer Modeströmung wurde.

Aber auch Vertreter anderer psychologischer Schulen emigrierten, so der Wiener Alfred Adler, der zwar als Schüler Freuds begonnen hatte, aber 1911 mit ihm brach und seine eigene Schule, die der Individualpsychologie, begründete. Bis zu seinem Tode 1937 wirkte er vor allem in den USA. Weiter emigrierten Psychologen vom Range Karl Bühlers, der unter anderem auf dem Gebiet der Kinder-, Sprach- und der Gestaltpsychologie arbeitete und verschiedene methodische Ansätze der Psychologie, beispielsweise behavioristische und geisteswissenschaftliche, miteinander verband. Durch wichtige Untersuchungen zur Kinder- und Jugendpsychologie, aber auch zu anderen Arbeitsgebieten, zum Beispiel der Klinischen Psychologie, trat seine Frau Charlotte Bühler hervor: Beide fanden schließlich in Los Angeles neue Wirkungsmöglichkeiten. Ebenfalls zu den führenden Kinderpsychologen zählte der bis 1933 an der Universität Hamburg wirkende William Stern, Begründer einer personalistischen Psychologie, der schließlich an führenden amerikanischen Universitäten (Duke, Harvard, Columbia, Brown) lehrte. Wie den übrigen genannten Psychologen gelang es auch dem Kinderpsychologen Kurt Lewin, einem der Vertreter der Berliner gestaltpsychologischen Schule, im Exil Fuß zu fassen, wo er – zuletzt am Massachusetts Institute in New Haven tätig – eine psychologische Feldtheorie entwickelte und in weiteren Zweigen der Psychologie, beispielsweise der Sozialpsychologie, arbeitete.

Auch die Zahl der emigrierenden Psychologen ist zu groß, als daß sie alle aufgeführt werden könnten, nur wenige seien noch genannt: Curt W. Bondy, einer der wenigen Vertreter seines Fachs, die nach Deutschland zurückkehrten, Rudolf Arnheim, Hans-Jürgen Eysenck, Ernst Bornemann, Magnus Hirschfeld, Jolande Jacobi, Helen Kaplan, Max Wertheimer und schließlich Wolfgang Köhler, auch er ein führendes Mitglied der Berliner Schule der Gestaltpsychologie, der über die Fachgrenzen hinaus durch seine *Intelligenzprüfungen an Menschenaffen* (zuerst 1917) berühmt wurde.

Für die Psychologie gilt wie für die Sozialwissenschaften: Gerade die innovativsten und originellsten Vertreter ihres Faches waren häufig zur Emigration gezwungen. Noch stärker als in den meisten anderen Disziplinen wirkte sich in der Psychologie der Kontinuitätsbruch aufgrund des Exodus aus, zumal die Remigration nach 1945 äußerst begrenzt blieb.

Die Zahl der emigrierten, durch wissenschaftliche Arbeiten hervorgetretenen Pädagogen war erheblich geringer als die der Psychologen, doch enthält das *Biographische Handbuch der deutschsprachigen Emigration nach 1933* immerhin mehr als 100 Vertreter dieser Disziplin, unter ihnen Fritz Borinski und Kurt Hahn, der 1920–1933 das Landerziehungsheim Schloß Salem leitete und nach seinem Vorbild im Exil und später auch in der Bundesrepublik Deutschland weitere Schulen gründete. Der Schulreformer Fritz Karsen betreute 1946–1948 als Beauftragter der amerikanischen Militärregierung in Deutschland die Universitäten. Heinrich Rodenstein wurde nach der Rückkehr später Direktor der Pädagogischen Hochschule Braunschweig (bis 1955) und 1960–1968 Vorsitzender der Gewerkschaft Erziehung und Wissenschaft (GEW). Adolf Leschnitzer, der 1933 aufgrund seiner Zugehörigkeit zum Judentum als Studienrat entlassen wurde, war bis 1939 oberster Schulinspektor für jüdische Konfessionsschulen in Deutschland; nach der Emigration gründete er in New York eine Sprachenschule. Schließlich untersuchte er die Problematik deutsch-jüdischer Lebensgemeinschaft (*Saul und David,* 1954), seit 1952 lehrte er regelmäßig als Gastprofessor an der Freien Universität Berlin – der erste jüdische Gelehrte, der nach 1945 in Berlin über deutsch-jüdische Probleme Vorlesungen hielt. Saul B. Robinsohn, ein Vertreter der jüngeren Generation, der zeitweise als Pädagoge in Israel gearbeitet hatte, kehrte 1959 von Haifa nach Deutschland zurück. Er war 1964 bis 1972 Direktor am Max-Planck-Institut für Bildungsforschung in Berlin, wo er sein Konzept einer Revision des Curriculum entwickelte und an einem internationalen Vergleich der Bildungssysteme arbeitete.

Im *Biographischen Handbuch* werden ca. 830 Geisteswissenschaftler aufgeführt – allerdings gibt es Mehrfachnennungen vor allem mit den Sozialwissenschaftlern. Der Aderlaß der deutschen Philosophie war im Hinblick auf Zahl und Rang der emigrierten Persönlichkeiten – darunter allein 75 Universitätsprofessoren – beträchtlich, auch innerhalb dieser Disziplin finden sich führende Philosophen höchst unterschiedlicher Richtungen, wie schon wenige Namen kundtun: Ernst Bloch, Ernst Cassirer, Karl Löwith, Herbert Marcuse, Ludwig Marcuse, Theodor W. Adorno, Max Horkheimer, Georg Misch, Paul Ludwig Landsberg, Ludwig Landgrebe, Bernhard Groethuysen, Helmut Kuhn, Theodor Lessing, Arthur Liebert, Julius Lips, Arnold Metzger, Fritz Heinemann, Walter Kaufmann, Ulrich Sonnemann, Alfred Stern, Felix Weil, Julius Kraft, Richard Kroner, Hannah Arendt, Leo Strauss, E. F. Podach, Hermann Schmalenbach, Hans Jonas, Alexander Altmann, Günther Anders, Felix Kaufmann, Fritz L. Kaufmann, Kurt Riezler – der ehemalige Mitarbeiter des Reichskanzlers Bethmann Hollweg – und die schon erwähnten Logischen Positivisten Rudolf Carnap, Otto Neurath und Karl R. Popper, schließlich der international führende Renaissanceforscher Paul O. Kristeller. Kantianer, Hegelianer, Marxisten, Positivisten, Phänomenologen, Nietzscheaner und Existenzphilosophen aus der Schule Martin Heideggers und Karl Jaspers sowie zu keiner Schule gehörige Einzelgänger und Philosophiehistoriker. Für die meisten emigrierenden Philosophen war die aus jüdischer Herkunft resultierende Bedrohung ausschlaggebend für den Entschluß zum Verlassen Deutschlands bzw. Österreichs. Und so muß in diesem Fall konstatiert werden: Während der Diktatur blieben herausragende Philosophen in Deutschland, sofern sie nicht jüdisch bzw. marxistisch waren – Heidegger mag die problematischste Persönlichkeit unter ihnen gewesen sein, sicher aber war er der bedeutendste Philosoph im Deutschland dieser Jahre. Auch bei der Philosophengruppe im NS-Reich sind alle „üblichen" Verhaltensweisen anzutreffen: Anpassung, innere Emigration und mehr oder weniger deutliche Opposition.

Im Exil setzten die Philosophen, soweit ihre berufliche und materielle Existenz es erlaubte, ihre Arbeit in den vorherigen Bahnen fort; auch nach dem Krieg blieben die philosophiegeschichtlichen Traditionen stärker erhalten als die Kontinuität in manchen anderen Disziplinen. Das wurde durch die Rückkehr einer Reihe der Genannten erleichtert, wieder andere Philosophen wurden relativ bald rezipiert. Zu den hochrangigen Werken der emigrierenden Philosophen gehören beispielsweise Ernst Cassirers mehrbändige, schon 1906 begonnene, im Exil schließlich um einen vierten postum erschienenen Band ergänzte Darstellung *Das Erkenntnisproblem in der Philosophie und Wissenschaft der neueren Zeit,* seine Kant-Monographie, seine vierbändige *Philosophie der symbolischen Formen,* die *Philosophie der Aufklärung* und weitere große Werke. Toni Cassirer hat u. a. in dem Buch *Ernst Cassirer in England* (1960) über das Leben des Philosophen berichtet. Stellvertretend für einige der anderen Richtungen sei erinnert an Hannah Arendts *Elemente und Ursprünge totaler Herrschaft,* Ernst Blochs *Prinzip Hoffnung,* seine Hegel-Interpretation *Subjekt – Objekt,* an Max Horkheimers und Theodor Adornos *Dialektik der Aufklärung,* Karl Löwiths *Von Hegel zu Nietzsche. Der revolutionäre Bruch im Denken des neunzehnten Jahrhunderts,* Herbert Marcuses *Vernunft und Revolution. Hegel und die Entstehung der Gesellschaftstheorie* sowie *Der eindimensionale Mensch,* schließlich Karl R. Poppers bahnbrechende *Logik der Forschung* sowie *Die offene Gesellschaft und ihre Feinde:* Alle Werke provozierten auf unterschiedliche, ja gegensätzliche Weise seit den 1960er Jahren geistige und politische Erregung, stimulierten aber auch wissenschaftliche Forschung.

Die emigrierenden Kunsthistoriker hatten in ihren Reihen erstrangige Gelehrte, denkt man zum Beispiel an Erwin Panofsky, der 1943 in Princeton seine fundamentale Dürer-Monographie veröffentlichte – sie wurde erst 1977 ins Deutsche übertragen – und eine beeindruckende Fülle weiterer Werke zur gotischen Architektur, zur Renaissance, zur frühen niederländischen Malerei, zur Ikonologie, zuletzt zur Grabplastik und zur Kunsttheorie veröffentlichte und aus dem amerikanischen Exil weltweit seinen Ruf als Haupt der von Aby Warburg begründeten Hamburger Schule der Kunstwissenschaft festigte. Ein zunehmend in der Bundesrepublik rezipierter Kunsthistoriker von Rang ist auch Ernst H. Gombrich – wie Panofsky Verfasser großer kunstgeschichtlicher Werke und Mitglied des Ordens pour le mérite. Zur älteren Generation der bedeutenden Kunsthistoriker in der Emigration zählte neben Hans Kaufmann, Otto Demus und Rudolf Wittkower auch Arnold Hauser – ein hochgebildeter, eigenwilliger, vom Marxismus beeinflußter Kunstsoziologe, dessen Bücher *Sozialgeschichte der Kunst und Literatur, Methoden moderner Kunstbetrachtung,* sowie *Der Manierismus – Krise der Renaissance und Ursprung der modernen Kunst* die Kunst in ihrem gesellschaftlichen Umfeld interpretierten. Ein Pionier der Architekturgeschichte ist zweifellos Nikolaus Pevsner – auch er wie die übrigen hier genannten Kunsthistoriker ein Gelehrter mit weitem, nicht nur die deutsche und europäische, sondern auch die außereuropäische Kunstgeschichte umfassenden Horizont.

Einer jüngeren Emigrantengeneration, deren wissenschaftliche Bedeutung erst nach dem Zweiten Weltkrieg offenbar wurde, gehört Otto von Simson an. Er schrieb im Exil Untersuchungen vor allem zur Ideengeschichte der gotischen Kathedrale und nach seiner Rückkehr nach Deutschland (Freie Universität Berlin) unter anderem eine Gesamtdarstellung der mittelalterlichen Kunstgeschichte. Er hat sich überdies in diplomatischen und kulturpolitischen Aktivitäten erhebliche Verdienste erworben.

Die Reihe bedeutender Kunsthistoriker ist zu verlängern, beispielsweise um Walter Friedländer, Max J. Friedländer, Wilhelm Köhler, Hans Huth oder den Berliner Architekturhistoriker Julius Posener, um nur wenige zu nennen. Selbst diese knappe Namenliste vermittelt einen Eindruck von der innovatorischen Bedeutung, die den emigrierenden Teil der deutschen Kunsthistoriker auszeichnet. Doch waren diese Gelehrten weder methodisch noch thematisch einer kunstgeschichtlichen Interpretationsrichtung verpflichtet.

Die Muttersprache der Kunstgeschichte sei zufällig deutsch, so urteilte in den 1930er Jahren ein amerikanischer Kunsthistoriker. Und Erwin Panofsky, der dies in seinem Erfahrungsbericht *Drei Jahrzehnte Kunstgeschichte in den Vereinigten Staaten. Eindrücke eines versprengten Europäers* erzählt, verweist ebenfalls auf die international führende Rolle der Kunstgeschichte in den deutschsprachigen Staaten zu Beginn der 1930er Jahre. Allerdings hatte sich das Fach in den USA zu diesem Zeitpunkt schon beträchtlich entwickelt. Die deutschen Kunsthistoriker gerieten dort in ein sich stürmisch intensivierendes kunsthistorisches Interesse, ohne provinzielle Beschränkungen, aber auch völlig anderen Zuschnitts: Jeder „deutsch ausgebildete Kunsthistoriker, der sich auf Englisch verständlich machen wollte, mußte sich sein eigenes Wörterbuch anlegen. Dabei erkannte er, daß seine heimatliche Terminologie oftmals unnötig schwerverständlich oder gründlich unpräzise war". Viele der emigrierten Kunsthistoriker erwiesen sich diesen von Panofsky dargestellten Herausforderungen gewachsen und erlangten einen weitgehenden, zum Teil prägenden Einfluß auf die amerikanische Kunstwissenschaft, indem sie ihre Methoden und ihre Darstellungsweise gemäß den neuen Bedingungen modifizierten. Eine ganze Gruppe von Immigranten erhielt sogar die Möglichkeit, das Institute of Fine Arts in New York auszubauen.

Noch stärker war der Einfluß immigrierender Kunsthistoriker auf den Ausbau dieser Disziplin in England, da sie hier weitgehend Neuland erschlossen. Zu dieser Zeit existierte in England keine den deutschsprachigen Staaten oder den USA vergleichbare Kunstwissenschaft – die Universitäten Oxford und Cambridge hatten nicht einmal Lehrstühle dieses Fachs. Erst 1955 richtete die Universität Oxford den ersten kunstgeschichtlichen Lehrstuhl ein. Vor allem das Warburg Institute in London wurde zum Kristallisationszentrum kunstwissenschaftlicher Forschungen mit einem bis heute im angelsächsischen Bereich andauernden Einfluß. Das Institut war aus der 1934 von Hamburg nach London gebrachten *Kulturwissenschaftlichen Bibliothek Warburg* hervorgegangen und untersuchte zunächst im Sinne der von Warburg begründeten Fragestellungen den Einfluß der Antike auf die neuere europäische

Kulturgeschichte. Mit Stiftungsmitteln der Hamburger Bankiersfamilie Warburg begründet, ist das Institut heute der University of London angeschlossen, zuletzt hat Sir Ernst H. Gombrich in seinem Buch *Aby Warburg: An Intellectual Biography* (1970) das Programm dieser Richtung der Kunstwissenschaft dargestellt: An der Realisierung dieses Programms in England war der gebürtige Wiener als langjähriger Leiter des Warburg Institute und Professor für Kunstgeschichte an den Universitäten London, Oxford und Cambridge maßgeblich beteiligt. Neben Gombrich zählte der Architekturhistoriker Sir Nikolaus Pevsner – bis zur Emigration Privatdozent an der Universität Göttingen – zu denjenigen, die um den Aufbau des Faches Kunstgeschichte in England größte Verdienste erwarben. Auch Pevsner lehrte vor allem in London, sowie zeitweise in Cambridge und Birmingham; Pevsner erhielt für seine überragenden Leistungen zahlreiche Ehrungen.

Die Feststellung der Heterogenität gilt auch für die Theologen: Die protestantischen Emigranten Emil Barth und Paul Tillich, die katholischen Emigranten Hubert Jedin, Friedrich Muckermann, Hugo Rahner und Walter Mariaux oder auch die Laientheologin Edith Stein – ursprünglich Philosophin und Husserl-Schülerin – waren denkbar unterschiedliche Persönlichkeiten, wenngleich die beiden erstgenannten protestantischen Theologen durch den „religiösen Sozialismus" geprägt wurden und ihn selbst ihrerseits beeinflußten.

Im Falle der katholischen Theologen bestand die Möglichkeit, daß sie als Angehörige einer universalen Kirche auch ins Ausland versetzt werden konnten, wenn politische Schwierigkeiten drohten: Eine Amtsübernahme im Vatikan aber galt formell nicht als Emigration. So kehrte der letzte Vorsitzende der deutschen Zentrumspartei, Prälat Ludwig Kaas, nach dem Abschluß des Reichskonkordats 1933 nicht aus Rom zurück und war bis zu seinem Tod 1952 Wirklicher Apostolischer Pronotar und Sekretär der Kardinalskongregation von St. Peter. Im übrigen muß in bezug auf die Theologen-Emigration berücksichtigt werden, daß viele Theologen aus seelsorgerischen Gründen im NS-Reich blieben und selbst bei begrenzten oppositionellen Aktivitäten einen gewissen institutionellen Schutz ihrer Kirchen genossen. Sie standen dem Regime im Ernstfall nicht allein gegenüber – allerdings verlangte die institutionelle Einbindung ihnen politische Rücksichten zur Erhaltung einer relativen Unabhängigkeit der Kirchen ab. Trotzdem gab es daneben deutliche Ablehnung der Kirchenpolitik des Dritten Reiches, für die auf katholischer Seite der auch die NS-Rassenpolitik unverhohlen ablehnende Münsteraner Bischof und Kardinal Clemens August Graf Galen stand und auf protestantischer Seite die „Bekennende Kirche", die als Gegenspielerin der vom NS-Regime abhängigen „Deutschen Christen" des Reichsbischofs Ludwig Müller entstand. Müller wurde bereits 1935 faktisch entmachtet. – Zu den Theologen gehörten auch die jüdischen Vertreter des Fachs, bzw. die Rabbiner: Das *Biographische Handbuch* enthält insgesamt 281 Personen dieser Gruppe.

Zu den für nationalistische Ideologie anfälligen Disziplinen zählte u. a. die Germanistik, insofern war die Zahl derjenigen Emigranten, die nicht Juden waren oder vom Regime zu solchen erklärt wurden, gering. Trotz dieser generellen Einschätzung ist auch in diesem Fach auf bedeutende Gelehrte hinzuweisen – unter ihnen 56 Hochschullehrer –, die Deutschland nach 1933 verlassen mußten: Walter A. Berendsohn war einer von ihnen, sein Schicksal eröffnete ihm – wie auch Ernst Loewy und Egon Schwarz – seine wissenschaftliche Lebensaufgabe, er wurde zum Pionier der literaturgeschichtlichen Emigrationsforschung. Zu nennen sind daneben der Wiener Heinz Politzer, der u. a. über Grillparzer und Kafka arbeitete, der Novalis- und Expressionismus-Forscher Richard Samuel, der Jean Paul-Interpret Eduard Berend, der unter anderem als Barock- und Hofmannsthalforscher hervorgetretene Richard Alewyn, der Altgermanist Friedrich Ranke, sowie auch heute noch aktive Literaturwissenschaftler wie Erich Heller, Oskar Seidlin und Käthe Hamburger, die unter anderem über Thomas Mann, die Romantik und methodologische Themen arbeiteten, sowie Ernst Alker, der neben zahlreichen monographischen Studien eine *Geschichte der deutschen Literatur von Goethes Tod bis zur*

*Gegenwart* verfaßte (1949/50), schließlich der zur zweiten Emigrantengeneration zählende Guy Stern. Zu den bedeutendsten der emigrierenden Literaturwissenschaftler bzw. -kritiker gehörten der Romanist Erich Auerbach und der Anglist Ludwig Borinski, der Protagonist des Expressionismus Kurt Pinthus, der Theaterkritiker Alfred Kerr und vor allem Walter Benjamin, dessen reiches Werk seit zwei Jahrzehnten in der Bundesrepublik die Literatur- und Ideengeschichte beeinflußt hat, aber noch keineswegs ausgeschöpft ist, wie sein jüngst veröffentlichtes *Passagen-Werk* wieder einmal beweist. Auch Altphilologen bzw. Altertumsforscher von Rang sind emigriert, auch sie gehören nicht zu einer einzigen methodischen oder thematischen Richtung; gemeinsam wiederum war die Bedrohung durch das NS-Regime. Stellvertretend seien genannt: Werner Jäger, Viktor Ehrenberg, Eugen Täubler, Fritz Moritz Heichelheim, Kurt von Fritz, Eduard Fraenkel, Hermann Fraenkel, Paul Maas und der Archäologe Karl Schefold.

Geschichte und Politische Wissenschaft sind naturgemäß Disziplinen besonderer Politiknähe. Diese Nähe ist umso größer, je stärker die politische Geschichte der jüngsten Zeit im Mittelpunkt steht. Von den Politikwissenschaftlern war schon die Rede, da viele von ihnen aus der Jurisprudenz bzw. den Sozialwissenschaften stammten und ihre Disziplin in Deutschland vor 1933 noch weniger als die Soziologie fest umgrenzt gewesen ist. Einige der später als Politologen hervorgetretenen Emigranten waren von Haus aus Publizisten, wieder andere emigrierten mit ihren Eltern, als sie selbst noch Jugendliche waren. Die Wirkungsgeschichte dieser Gruppierung datiert in der Regel aus der Nachkriegszeit.

Unter den emigrierten Politologen dieser unterschiedlichen Ausgangsbasis und teilweise gegensätzlicher politischer Haltung befanden sich Ernst Fraenkel, Richard Löwenthal, Arnold Bergsträsser, Karl W. Deutsch, Arnold Brecht, Ferdinand A. Hermens, Carl J. Friedrich, Karl J. Newman, Joseph Rovan, Kurt L. Shell, Franz Neumann, Ossip K. Flechtheim, Emmerich K. Francis, Eric Voegelin, Wolfgang Hirsch-Weber sowie Gerhard Loewenberg und Alfred Grosser, deren wissenschaftliche und publizistische

Laufbahn allerdings erst in den fünfziger Jahren begann. Zu dieser Gruppe gehört auch ein Pionier historisch-politischer Parteiforschung, Sigmund Neumann, dessen zeitgenössische Diagnose über das deutsche Parteiensystem der Weimarer Republik (1932) bis heute zum Besten zählt, was zu diesem Thema geschrieben wurde. Neumanns Emigrationserfahrungen schlugen sich in großangelegten Werken vergleichender Parteiforschung nieder (*Modern Political Parties*, 1956); auch sein Lebensweg führte zu der bereits bei den Soziologen festgestellten fruchtbaren Symbiose dieser Erfahrungen mit der schrecklichen Erfahrung der NS-Revolution; seine Analyse der totalitären NS-Diktatur *Permanent Revolution* (1942) und seine Interpretation der weltpolitischen Lage *The Future in Perspective* (1946) sind hierfür beispielhaft. Die während der Emigration vor allem durch Carl J. Friedrich und Hannah Arendt entwickelte Totalitarismustheorie, die die strukturellen Ähnlichkeiten moderner Diktaturen – vor allem der nationalsozialistischen und der bolschewistischen – herausarbeitete, zählte zu den zentralen politikwissenschaftlichen Konzeptionen, die die Politologie, Zeitgeschichte und Politik in den westlichen Demokratien, insbesondere auch der Bundesrepublik Deutschland prägten. Sie wurde in modifizierter Form vor allem in den großen Werken Karl Dietrich Brachers fruchtbar.

Über die Emigration von Geschichtswissenschaftlern, von denen 75 Hochschullehrer deutscher Universitäten waren, existiert keine systematische Darstellung. Das *Biographische Handbuch* ermöglicht auch für diese Disziplin künftig eine umfassend angelegte Erforschung.

Die Geschichtswissenschaft war nach 1933 in ähnlicher Lage wie die anderen Disziplinen. Auch für sie gilt: Unter den Emigranten dominierten Menschen jüdischer Herkunft; hochentwickelte historische Forschung blieb während der NS-Zeit vor allem in den Spezialgebieten möglich, die sich einer direkten Einflußnahme entziehen konnten – bzw. aufgrund ihres speziellen Charakters ohnehin jenseits des Interesses und Horizonts von NS-Kulturfunktionären lagen. Anpassung, Rückzug ins Private, Entlassungen Mißliebiger, Widerstand: diese Skala findet sich in unterschiedlicher Akzentuierung in allen wissenschaftlichen Disziplinen, so auch bei den Historikern. Neben ideologisch gefärbten pseudohistorischen Machwerken stehen zahlreiche Arbeiten von hohem wissenschaftlichem Rang, auch solche von unbestreitbar innovatorischer Wirkung, zum Beispiel Wilhelm Abels *Agrarkrisen und Agrarkonjunktur in Mitteleuropa vom 13. bis zum 19. Jahrhundert* (1935) und Otto Brunners die Verfassungsgeschichtsforschung des Mittelalters und die heute aktuelle Sozialgeschichte der Begriffe beeinflussendes Werk *Land und Herrschaft* (1943). Auch an Herbert Grundmanns bzw. Hermann Heimpels Forschungen zur Geschichte des Hoch- und Spätmittelalters ist zu denken.

Trotz nicht weniger heute peinlich anmutender Vorworte, zu denen sich auch einige bedeutende Historiker bereitfanden, muß eine wissenschaftsgeschichtliche Würdigung vom tatsächlichen Wert der Werke ausgehen, und hier zeigt sich immer wieder: Solche in totalitären Diktaturen gestern wie heute anzutreffenden Verbeugungen vor dem Regime allein besagen – so ärgerlich das ist – nichts über den wissenschaftlichen Rang. Nationalsozialistische Historiker wie Otto Westphal und Walter Frank, dessen „Reichsinstitut für Geschichte des neuen Deutschland" Helmut Heiber in einem umfassenden Buch dargestellt hat, waren keineswegs repräsentativ. Sehr kritisch beurteilte indes der marxistische Historiker Arthur Rosenberg die Geschichtswissenschaft im NS-Reich, wenn er 1938 in einem Aufsatz *Die Aufgabe des Historikers in der Emigration* apodiktisch bemerkte: „Eine spätere Zeit wird feststellen müssen, dass seit 1938 eine lebendige und kritische Geschichtsforschung im deutschen Reich überhaupt nicht mehr existieren konnte, und dass daher die kritische deutsche Geschichtswissenschaft seit 1933 nur noch in der Emigration weiterlebte." Allerdings warnte Rosenberg die Historiker in der Emigration davor, „ein neues Forschungsdogma aufzustellen, wenn sie die Verwüstung ansehen, die das amtliche Dogma von Berlin seit 1933 anrichtet". Vielmehr seien die Historiker aller politischen Richtungen seit 1933 genötigt, ihre überlieferten Anschauungen und Kampfformeln zu überprüfen.

Tatsächlich jedoch lebten im NS-Reich eine Reihe von Mittelalter- und Neuzeit-Historikern von Rang: Friedrich Meinecke, Otto Hintze, Erich Marcks, Percy Ernst Schramm, Heinrich Mitteis, Max Braubach, Karl Hampe, Johannes Haller, Gerd Tellenbach, Walter Kienast, Friedrich Baethgen, Franz Schnabel und Hans Herzfeld – deren Karriere die Nationalsozialisten unterbrachen –, Karl Brandi, Willy Andreas, Fritz Hartung, Walter Goetz, Siegfried A. Kaehler, Herman Oncken, Johannes Ziekursch, Friedrich Lütge, Hermann Aubin, Carl Erdmann – der durch Einberufung an der Annahme eines Rufes gehindert wurde –, Gerhard Ritter, der zum konservativen Widerstand gegen Hitler gehörte – um nur diese zu nennen. Keiner dieser Mediävisten und Neuzeithistoriker war Nationalsozialist, einige der Genannten aber standen in der Tradition einer nationalen Ideologie der deutschen Geschichte des Mittelalters bzw. hatten eine strikt „nationale" Gesinnung, die gewisse Berührungspunkte mit der NS-Ideologie aufwies, ohne daß die Betreffenden Anhänger einer Geschichtsinterpretation nach Art des nationalsozialistischen Rektors der Heidelberger Universität, Ernst Krieck, gewesen wären: Für ihn waren „Rasse" und „Blut" die treibenden Kräfte der Geschichte. Die übergroße Mehrheit der Inhaber historischer Lehrstühle hielt es auch keineswegs mit Historikern wie Karl Alexander von Müller, der zumindest lange Zeit, wenn nicht bis zuletzt zu den unbeirrten Nationalsozialisten zählte. Gleichwohl verfaßte er glänzende biographische Essays auch zur außerdeutschen Geschichte, beispielsweise über Danton, und schrieb später interessante Erinnerungen. In den meisten Sektoren der Geschichtswissenschaft blieben die überzeugten Nationalsozialisten in der Minderzahl, Walter Frank selbst war und blieb ein Außenseiter der Zunft. Im Januar 1933 war kein deutscher Ordinarius des Faches Mittlere und Neuere Geschichte NSDAP-Mitglied; der erste Ordinarius, der es wurde, war Karl Alexander von Müller, der zwar nach einigen Verzögerungen 1928 Ordinarius für Bayerische Landesgeschichte an der Universität München geworden war, den erstrebten Lehrstuhl für Mittlere und Neuere Geschichte aber erst nach der NS-Machtergreifung erhielt.

Auch eine Reihe führender Althistoriker wirkten während der NS-Diktatur an deutschen Universitäten, z.B. Helmut Berve, Hermann Bengtson, Joseph Vogt sowie Alfred Heuß.

Außer Helmut Heiber haben vor allem Karl Ferdinand Werner und in anderen Zusammenhängen Gerhard Ritter, Theodor Schieder und aus sehr kritischer Sicht der aus Deutschland stammende Amerikaner Georg Iggers sowie, von marxistisch-dogmatischer Position aus, der DDR-Historiker Hans Schleier zur Aufhellung dieses differenzierten Bildes der deutschen Geschichtswissenschaft während der NS-Diktatur beigetragen; Volker Losemann hat das Verhältnis zwischen Nationalsozialismus und Altertumskunde dargestellt.

Sieht man einmal von den Sektoren der Gesamtdisziplin ab, die für die NS-Propaganda von besonderem Interesse waren – dazu zählte, wie Werner Philipp gezeigt hat, die in erheblichem Ausmaß gleichgeschaltete Darstellung der osteuropäischen Geschichte – dann zeigt sich, wo die Fallstricke lagen: weniger in der Zahl der Opportunisten oder überzeugten Parteigänger des Regimes als in einer deutschnationalen, gegen die Weimarer Demokratie gerichteten Gesinnung einer Reihe von Historikern. „Zwischen den konservativen Historikern und den Nazis bestanden grundsätzliche weltanschauliche Differenzen. Die von Hitler in *Mein Kampf* oder von Alfred Rosenberg in *Der Mythos des 20. Jahrhunderts* vertretene Geschichtsauffassung war rassistisch orientiert, die der Historiker auf den Staat hin: Die erstere war großdeutsch, die letztere der Kontinuität Preußens gewidmet" (G. Iggers). Damit hatte es übrigens zu tun, daß nicht wenige österreichische Historiker für den „großdeutschen" Aspekt der NS-Ideologie anfällig waren, wie zum Beispiel der bedeutende Metternich-Forscher Heinrich Srbik, der auch ein instruktives Buch über die *Deutsche Einheit. Idee und Wirklichkeit vom heiligen Reich bis Königgrätz* (4 Bde. 1935–1942) verfaßt und sich überdies politisch betätigt hat.

Georg Iggers konstatiert zutreffend, daß die Nationalsozialisten die Historiker niemals mit Erfolg unter ihre Kontrolle brachten. Aufgrund einer wenn auch sehr partiellen Identität des Geschichtsbildes kam es jedoch nur in Ausnahmefällen zu strikter Opposition gegen das Regime. Das gilt in der Regel auch für diejenigen, die sich in wissenschaftlichen Fragen unzweideutig gegen die Einflußnahme der NS-Ideologie und ihrer Funktionäre verwahrten. Je weniger national ihr Geschichtsbild war, je stärker sie in europäischen Zusammenhängen oder auch den universalen der Katholischen Kirche dachten und forschten, desto weniger waren auch konservative oder auch liberal-konservative Historiker anfällig für die NS-Ideologie. Beispiele sind Gerhard Ritter, Percy Ernst Schramm und Franz Schnabel.

Der Rang der genannten Historiker verweist darauf, daß in dieser Disziplin anders als in den Sozialwissenschaften keine umfassende Abwanderung gerade der vorantreibenden kreativen und originären Gelehrten zu verzeichnen ist, vielmehr blieben viele Historiker im NS-Reich, die bestimmte Teildisziplinen erheblich weiterentwickelten, beispielsweise die Verfassungsgeschichte – die Otto Hintze schon lange vor 1933 mit der Gesellschaftsgeschichte verbunden hatte. Wie also verhält sich in wissenschaftsgeschichtlicher Hinsicht der emigrierte Teil der Historiker zu den in Deutschland gebliebenen?

Auch bei den exilierten Historikern ist die Reihe der Auswanderer stattlich, auch ihre wissenschaftlichen und politischen Überzeugungen sind höchst unterschiedlich: Neben Konservativen stehen Liberale, Sozialdemokraten, Kommunisten, neben marxistisch orientierten Gelehrten wie Arthur Rosenberg – dem ersten Geschichtsschreiber der Weimarer Republik, der von Haus aus Althistoriker war und sich politisch für die KPD betätigt hatte – standen Historiker aus der ideengeschichtlichen Schule Friedrich Meinekkes, standen Forscher mit Schwerpunkten in der politischen Geschichte, den internationalen Beziehungen oder auch der Wirtschafts- und Sozialhistorie. Eine Nennung der bekanntesten Namen signalisiert wiederum den außerordentlichen Verlust, den die deutsche Geschichtswissenschaft nach 1933 erlitt:

Veit Valentin, Ludwig Quidde, Felix Gilbert, Hans Rothfels, Dietrich Gerhard, Gerhard Masur, Francis L. Carsten, Robert A. Kann, Alfred Vagts, Gustav Mayer, Erich Eyck, Hajo Holborn, Hans Rosenberg, Hans-Joachim Schoeps, Eugen Rosenstock-

Huessy, Ernst Kantorowicz, Leonard Krieger, Ernst Simon, Arnold Berney, Heinrich Benedikt, Hans Ehrenberg, G. W. Hallgarten, Golo Mann, Walter Ullmann, Richard Koebner, Werner Richter, Guido Kisch, Helmut Georg Koenigsberger, Fritz Redlich, Selma Stern, Hans Liebeschütz, Hans Mottek, Jürgen Kuczynski, Karl Obermann, Walter Markov, Wolfgang Steinitz, Ernst Engelberg, Edgar R. Rosen, Albrecht von Mendelssohn-Bartholdy, Friedrich Engel-Janosi, Paul Isaac Bernays, Otto Maenchen-Helffen, Fritz T. Epstein, der Kulturhistoriker und -soziologe Alfred Weber sowie die Historiker des Judentums Simon Dubnow, Ismar Elbogen, Eleonore Sterling und Alexander Bein. Eckart Kehr, der schon im Mai 1933 starb, blieb in den USA, wohin er 1931 als Rockefeller fellow gegangen war.

Zu denjenigen Emigranten, die in jugendlichem Alter Deutschland verlassen mußten und ihre akademische Karriere erst nach Ende der NS-Herrschaft begannen, zählen: Fritz Stern, Carl Schorske, Klaus Epstein, Peter Gay, George L. Mosse, Werner Eugen Emil Mosse, Peter Paret, Charles Bloch, Walter Grab, Walter Laqueur, Uriel Tal, Andreas Dorpalen, Werner T. Angress, Georg Iggers, Klemens von Klemperer, Herbert A. Strauss, Shlomo Na'aman, Walter Michael Simon, Gerhard L. Weinberg, Sydney Pollard sowie Raul Hilberg, dessen Standardwerk *The Destruction of the European Jews* (1961) gerade ins Deutsche übersetzt wurde.

Die Forschungsgebiete der Emigranten waren weitgespannt, die Bibliographie historischer und politikwissenschaftlicher Veröffentlichungen von Emigranten zwischen 1933 und 1963, die Gerald Stourzh 1965/66 zusammengestellt hat, liefert ein eindrucksvolles Bild von thematischer Breite und Zahl der Publikationen. Die Emigranten hatten zum Teil schon vor der NS-Machtergreifung Werke von Rang verfaßt, Veit Valentin zum Beispiel seine bis heute als Standardwerk geltende Geschichte der Revolution von 1848, Gustav Mayer seine große Biographie über Friedrich Engels, Ernst Kantorowicz die vom George-Kreis beeinflußte Biographie des Staufenkaisers Friedrich II., die Hitler zum Leidwesen ihres Autors besonders schätzte, Arnold Berney den ersten Band einer Biographie Friedrichs des Großen, um es bei diesen wenigen Beispielen zu belassen. In der Emigration kamen große Werke hinzu; von den wichtigen Büchern Erich Eycks ist besonders an seine dreibändige, 1941–1944 publizierte kritische und zum damaligen Bismarckbild kontrapunktische Bismarck-Biographie und die 1956 veröffentlichte zweibändige *Geschichte der Weimarer Republik* zu denken, die für lange Jahrzehnte die einzige größere Gesamtdarstellung blieb. Anderer Art waren Hans Rosenbergs neue Forschungsperspektiven erschließende kritische Darstellung der Geschichte des preußischen Beamtentums vom ausgehenden 17. bis zum frühen 19. Jahrhundert (1958) und sein Werk *Große Depression und Bismarckzeit* (1967), später Hajo Holborns dreibändige *Deutsche Geschichte* (1959/1969, deutsch 1970/1971), Rosenstock-Huessys eigenwillige Studien über den Charakter der europäischen Nationen und ihre Revolutionen, Gerhard Masurs Biographie über Simon Bolivar (1948): Die Reihe beeindruckender Werke unterschiedlichster Thematik und Methodik ließe sich leicht verlängern.

Doch unterscheiden sich die Forschungen emigrierter Historiker nicht prinzipiell von den Werken ihrer in Deutschland lebenden Kollegen: Geschichtsschreibung großen Stils, profunde Erschließung neuer Quellen, innovatorische Fragestellungen: das alles findet sich bei den Weimarer Historikern, bei den in der NS-Diktatur lebenden und den emigrierenden – wirkliche Spitzenleistungen waren bei allen Gruppen wie eh und je die Ausnahme. Insofern existierte in der Geschichtswissenschaft – anders als in den Sozialwissenschaften und der Politischen Wissenschaft, wo die innovatorischen Leistungen vor und nach 1933 nahezu ausnahmslos durch (spätere) Emigranten erbracht wurden – kein Leistungsgefälle von den Emigrierenden zu den in Deutschland Verbliebenen. Der Grund liegt nicht nur an größerer Politiknähe der letztgenannten Disziplinen, nicht nur am stärkeren Anteil der Juden unter ihnen, sondern eben auch in der politischen Einstellung der Mehrheit der Historiker vor 1933. So wenige Historiker der ersten Garnitur nach 1933 im strengen Sinn systemkonform waren, so zahlreich waren doch diejenigen, die der Weimarer Demokratie mit Skepsis oder auch offener Ablehnung gegenüberstanden: Die Mehrheit entstammte vor 1933 eindeutig dem liberalkonservativen oder deutschnationalen Spektrum. Linksliberale oder gar Sozialdemokraten waren die Ausnahme, Zentrumsanhänger wohl außerhalb des Kreises katholischer Kirchenhistoriker bzw. der Konkordatslehrstühle unter den Inhabern historischer Lehrstühle ebenfalls selten. Das politische Verhalten von Historikern seit dem Ersten Weltkrieg und der Zusammenhang von Politik und Geschichtsschreibung bedürften noch genauerer Untersuchungen in bezug auf einzelne Persönlichkeiten bzw. Sparten des Fachs. Die Studien von Hans Schleier über *Die bürgerliche deutsche Geschichtsschreibung der Weimarer Republik* (1975) – das Buch ist allerdings einseitig kommunistisch –, sowie von Bernd Faulenbach über die *Ideologie des deutschen Weges* (1980), oder Gerhard A. Ritter über *Hans Herzfeld – Persönlichkeit und Werk* (1983) liefern wichtige Bausteine. Einmal abgesehen von den wenigen Kritikern deutschnationaler oder monarchisch-restaurativer Traditionen, zählten die Historiker also nicht zu einer besonders bedrohten Gruppierung, wenn sie nicht jüdischer Herkunft waren. Eines die wesentlichen Epochen und Probleme umfassenden geschlossenen NS-Geschichtsbildes hatten sie sich nicht zu erwehren, da die NS-Ideologie zu dürftig und zu fragmentarisch war. Im übrigen muß beachtet werden, daß politische Einstellung und wissenschaftsmethodische Prinzipien keineswegs bruchlos identifizierbar sind: Es gab deutschnationale oder auch konservative Historiker, die in methodischer und thematischer Hinsicht Neuland erschlossen – wissenschaftliche und politische „Progressivität" bzw. Traditionalität kamen keineswegs notwendig zur Deckung.

Das verhält sich bei den Emigranten nicht anders, unter ihnen findet sich – wie gesagt – das ganze politische Spektrum Weimars, jedoch mit charakteristischen Besonderheiten: Auch unter den emigrierenden Historikern waren vergleichsweise wenig Marxisten, erheblich weniger jedenfalls als in anderen Sektoren der zum Verlassen Deutschlands gezwungenen Weimarer Kulturelite. Bei überwiegender Zugehörigkeit zum konservativ-nationalen, aber diesseits des Nationalsozialismus stehenden politischen Lager, waren die Historiker mit einer nur sehr geringen Zahl Extremer beider Flügel weder typisch für die oben skizzierte Weimarer Intellektualität, noch typisch für die wissenschaftliche Entwicklung in der NS-Diktatur, noch charakteristisch für die politische Zusammensetzung des kulturellen Exils: Die Mehrzahl der führenden Historiker hielt zum Zeitgeist in jeglicher Gestalt stärkere Distanz als viele andere wissenschaftliche Disziplinen. Das war nach 1918 ein Nachteil für die neue Demokratie von Weimar, aber nach 1933 keineswegs von Vorteil für die NS-Diktatur. Nach 1945 begünstigte letzteres aber die Entwicklung der bundesrepublikanischen Geschichtswissenschaft, war sie doch weniger von der Kontinuität abgeschnitten als viele andere Fachgebiete. Natürlich existierten Ausnahmen von dieser generellen Einschätzung, darauf ist nochmals ausdrücklich hinzuweisen. Auch in Teilbereichen der Geschichtsschreibung sind stärkere Abweichungen vom hier skizzierten Durchschnittsverhalten der Historiker erkennbar, beispielsweise in der stärkeren Anpassung an die „Modernität" nach 1933 seitens mancher Althistoriker – auch solcher von Rang.

# III. Rückkehr – ja oder nein?

An der Historie lassen sich einige weiterführende Aspekte aufzeigen für die nach Ende der NS-Diktatur aktuelle Frage:

„Rückkehr – ja oder nein?" In bezug auf die Historiker hat Georg Iggers konstatiert: Nur wenige der Emigranten seien in den deutschen Kultur- und Sprachraum zurückgekehrt. Diese Einschätzung ist vordergründig durchaus zutreffend, der Rückkehreranteil liegt bei den Historikern erheblich unter demjenigen anderer wissenschaftlicher Disziplinen. Und doch trifft diese Feststellung nur eine Seite des Problems. Ein tieferes Eindringen zeigt: Außer dem Faktum formeller Rückkehr müssen noch andere Kriterien berücksichtigt werden, um eine ausreichende Antwort auf die Ausgangsfrage zu ermöglichen; vor allem ist es notwendig, die Wirkungsgeschichte der Emigranten nach Ende der NS-Herrschaft in die Beurteilung einzubringen. Dazu gehört die ergänzende Frage, welches Ausmaß regelmäßige oder quasidauernde Präsenz *ohne* formell vollzogene Rückkehr in die deutsche Wissenschaft bzw. die deutschsprachige Kultur seit den fünfziger Jahren erlangt hat. Vor einer quantitativen Analyse der Zahl der Rückkehrer im rechtlichen Sinn sind die in gewissem Sinn „weicheren" Kriterien der letztgenannten Art zu skizzieren.

Eine zureichende Beurteilung der Wirkungen, die die emigrierten Wissenschaftler in Deutschland nach Ende der NS-Diktatur erzielten, bedarf einiger prinzipieller Reflexionen:

Ließ sich nach 1945 in kultureller Hinsicht wieder an die Weimarer Republik anknüpfen? Ließ sich trotz der unbezweifelbaren Diskontinuität und des endgültigen Abbruchs mancher Traditionen wenigstens ein Stück kultureller Emigration nach Deutschland zurückholen? Oder gilt Carl Zuckmayers deprimierendes Diktum: „Die Fahrt ins Exil ist ‚the journey of no return'. Wer sie antritt und von der Heimkehr träumt, ist verloren. Er mag wiederkehren, zu

Menschen, die er entbehren mußte, zu Stätten, die er liebte und nicht vergaß, in den Bereich der Sprache, die seine eigene ist. Aber er kehrt niemals heim."

Kein Zweifel, in diesen Sätzen aus Zuckmayers Erinnerungen „*Als wär's ein Stück von mir*" sind die einer Rückkehr aus der Emigration entgegenstehenden psychischen Probleme charakterisiert. Sicher existierten eine Reihe weiterer Vorbehalte. Dazu zählte bei manchen Emigranten eine unzutreffende – wenngleich verständliche – Identifizierung des deutschen Volkes mit dem Nationalsozialismus. Schließlich erschien es ungewiß, was die Emigranten bei einer Rückkehr in Deutschland erwarten würde. Eine Reihe äußerer Faktoren spielte eine Rolle; sie münden in der Antwort auf die Frage, in welchem Maße es gelungen oder mißlungen war, im Exil Fuß zu fassen. Schließlich: In welchem Grade war die in den ersten Jahren nach 1933 anzutreffende Einschätzung, die NS-Diktatur werde nicht von langer Dauer, die Emigration also vorübergehend sein, im Laufe der Jahre einem Bewußtsein von der Endgültigkeit des Exils gewichen?

Emigranten jüdischer Herkunft mußten in ungleich höherem Maße als die emigrierten Nichtjuden mehr als die Emigrationserfahrung bewältigen: Ihre Betroffenheit vom Massenmord an den Juden war existenzieller und persönlicher. In einer spezifischen Weise wirkte schließlich das Emigrationsmotiv auf die Entscheidung über eine Rückkehr nach Deutschland ein: Je politischer dieses Motiv nach 1933 gewesen ist, desto größer war die Wahrscheinlichkeit der Remigration. Insbesondere die Politiker unter den Emigranten wollten in der Regel zurück, jedenfalls dann, wenn sie weiterhin politische Ambitionen verfolgten: Sie vor allem standen mit dem „Gesicht nach Deutschland", wie es der 1939 im Exil verstorbene SPD-Politiker Otto Wels ausgedrückt hat. Ähnliches galt für viele kommunistische Intellektuelle, die zumeist in die sowjetische Besatzungszone bzw. die spätere DDR gingen. In den übrigen Bereichen der kulturellen Emigration, insbesondere bei Emigranten ohne parteipolitische Bindungen ist das Bild sehr differenziert und nicht mit wenigen Strichen nachzuzeichnen. Remigranten dieser Art, insbesondere Schriftsteller, sahen sich oft mit

Vorurteilen konfrontiert oder hatten zumindest mit einer Entfremdung von ihren früheren Kollegen oder Freunden zu rechnen. Nach 1945 entspann sich eine heftige Kontroverse, für die der 1945/46 öffentlich geführte Briefwechsel zwischen Walter von Molo und Frank Thieß auf der einen und Thomas Mann auf der anderen Seite symptomatisch ist.

Kernpunkt war die Bestimmung des Verhältnisses zwischen Exil und ‚Innerer Emigration‘. Die Aufforderung an die Emigranten, nach Deutschland zurückzukehren, paarte sich mit einer Darstellung der Leiden unter der Hitler-Diktatur, denen die unter ihr lebenden Schriftsteller häufig ausgesetzt waren. In ihren Briefen schwangen Untertöne mit, die besagten: Wir Daheimgebliebenen waren es, die am stärksten gelitten haben. Thomas Manns ergreifende Schilderung des Exildaseins, seine Feststellung, in Deutschland nach 1933 sei es unmöglich gewesen, „Kultur zu machen“, seine Ankündigung, nicht remigrieren zu wollen: das alles erschien Autoren wie Frank Thieß selbstgerecht und ungerecht; er schrieb einen „Abschied von Thomas Mann“. In diesem Artikel stellte er das deutsche Elend dem Wohlleben Thomas Manns gegenüber, der von der amerikanischen Küste aus die Deutschen über ihr Schicksal belehre. Auch andere, die sich keinerlei Kollaboration mit dem NS-Regime vorzuwerfen hatten und die ein Publikationsverbot getroffen hatte, kamen wie Elisabeth Langgässer zu dem Schluß: „Ich glaube, daß die ‚innere Emigration‘ an Verzweiflung keiner, wie auch immer gearteten, äußeren nachgestanden hat.“

Wie immer man diese Nachkriegskontroverse beurteilen mag, unbezweifelbar ist: Bis weit in die Geschichte der Bundesrepublik Deutschland hinein ist das Verhältnis zu den Remigranten, insbesondere den politischen, problematisch gewesen; auf beiden Seiten hielten sich lange Zeit Vorbehalte; zahlreichen linksorientierten Emigranten konnte überdies vorgeworfen werden, daß ihre Feindschaft gegenüber der Weimarer Demokratie zu deren Untergang erheblich beigetragen hatte. Auf die bei aller Brillanz politische Destruktivität der Intellektuellen von links und rechts vor 1933 ist oben eingegangen worden, ebenso auf die innere Unmöglichkeit, manche der für die Weimarer Kultur charakteristischen Aktivitäten

– beispielsweise publizistischer Art – nach 1945 ungebrochen fortzusetzen.

Doch hatten kulturelle Emigration und Remigration noch eine
andere Seite. Die kulturelle Emigration förderte die Internationalisierung von Wissenschaft und Kultur ungemein: Die von den Nationalsozialisten angestrebte Isolierung führte tatsächlich zum ge-
genteiligen Effekt nach dem Ende der Diktatur. Die kulturelle
Emigration ist nicht in allen Sektoren die Einbahnstraße geblieben,
als die sie anfangs erschien und z. T. noch heute im Sinne eines
durch die Emigration bewirkten „irreversiblen Verlusts" für das
deutsche Geistesleben verstanden wird.

Schon früh bemühten sich viele Emigranten mit Schriften und
Rundfunksendungen um Gehör in ihrem Heimatland, um die NS-
Kulturpolitik zu konterkarieren. Nach dem Zweiten Weltkrieg
kehrten nach und nach viele der intellektuellen Emigranten in den
deutschsprachigen Raum zurück. Die Remigranten – deren größter Teil wieder zu „normalen" Staatsbürgern wurde – brachten
vielfältige Erfahrung, neue Erkenntnisse und andere wissenschaftliche Methoden nach Deutschland, sie erhielten sich meist ihre
weltweiten Kontakte: Eine nachhaltige Intensivierung des Wissen-
schaftsaustausches, des kulturellen Austausches überhaupt, war die
Folge.

Der dem kulturellen Neuaufbau Deutschlands nach 1945 zugute
kommende Rückwanderungs- und Internationalisierungseffekt
ist weit höher zu veranschlagen, als die tatsächliche Zahl der Remigranten, auf die noch einzugehen ist, aussagt: Zum einen berücksichtigen diese Zahlen nicht, daß viele Emigranten, ohne ihren
Wohnsitz in den Nachfolgestaaten des NS-Reichs zu nehmen,
durch Gast- und Honorarprofessuren, durch Vortragsreisen, For-
schungsaufenthalte in der deutschsprachigen wissenschaftlichen
Welt ihres Fachgebiets wieder präsent wurden. Die Wissenschaftspolitik in der Bundesrepublik hat diesen Prozeß der intellektuellen
Reintegration seit Jahrzehnten mit großem Erfolg gefördert.

Zahlreiche Werke emigrierter Wissenschaftler wurden in
Deutschland publiziert und entfalteten große Wirkung. Ein Beispiel: Der über Großbritannien und Kuba in die USA immigrierte

Historiker Hans Rosenberg war nach längerer Tätigkeit am Brooklyn College bis zu seiner Emeritierung Professor an der renommierten kalifornischen Universität Berkeley, erst nach seiner 1977 erfolgten Rückkehr nach Deutschland ernannte ihn die Universität Freiburg zum Honorarprofessor. Tatsächlich aber entfaltete Rosenberg in seinem Fach bereits seit Beginn der Fünfziger Jahre in Deutschland beträchtliche Wirkung – zunächst als Gastprofessor an der Freien Universität Berlin, vor allem aber als Protagonist einer neuen sozialgeschichtlichen Forschungsrichtung. Rosenberg wirkte in dieser Hinsicht schulbildend, eine Reihe seiner Schüler – im weiteren Sinn – haben Lehrstühle für Neuere Geschichte an Universitäten der Bundesrepublik inne, man kann sogar sagen: Hans Rosenberg hatte seine größte wissenschaftliche Wirksamkeit in der Bundesrepublik schon erlangt, als er noch überwiegend in den USA lehrte, wo er für die Erforschung der deutschen Geschichte Außerordentliches geleistet hat.

Bedeutenden wissenschaftlichen Einfluß erzielten auch andere nicht zurückkehrende Historiker, beispielsweise der 1943 im New Yorker Exil verstorbene Arthur Rosenberg; seine kritische Interpretation der Revolution von 1918/19 stimulierte seit den sechziger Jahren in der bundesrepublikanischen Geschichtswissenschaft zahlreiche Reinterpretationen und eine Vielzahl von Einzelstudien zu Struktur und politischer Bedeutung der Arbeiter-, Soldaten- und Betriebsräte. Nur wenige der zentralen Untersuchungen zur deutschen Geschichte aus der Feder von Emigranten blieben unübersetzt – beispielsweise Hans Rosenbergs vieldiskutiertes, vielkritisiertes und vielgelobtes Buch *Bureaucracy, Aristocracy and Autocracy. The Prussian Experience 1660–1815* (1958) oder Leonard Kriegers *The German Idea of Freedom. History of a Political Tradition* (1957). Diese Ausnahmen sollten aber nicht zur voreiligen Schlußfolgerung verleiten, kritische Bücher über die deutsche Geschichte von Emigranten seien in Deutschland nicht publiziert worden. Tatsächlich wurden eine Reihe anderer in diese Rubrik gehörende Werke früher oder später übersetzt, dazu zählen Studien Hans Rosenbergs, Fritz Sterns, G. W. Hallgartens und anderer.

Einige der remigrierenden Historiker erzielten nach 1945 herausragende wissenschaftsgeschichtliche oder publizistische Wirkung im deutschsprachigen Raum. An erster Stelle ist hier Hans Rothfels zu erwähnen, der schon in den frühen Fünfziger Jahren die westdeutsche Zeitgeschichtsforschung maßgeblich mitbegründete und für lange Jahre prägte, nicht nur im Sinne wissenschaftlicher Forschung, mit der er an sein im Exil entstandenes Buch *Deutsche gegen Hitler* anknüpfte, sondern gerade durch wissenschaftsorganisatorische Aktivität, die er mit programmatisch-methodischen Reflexionen über Möglichkeit und Notwendigkeit der Zeitgeschichte begleitete. Als Vorsitzender des Wissenschaftlichen Beirats des Instituts für Zeitgeschichte in München und Mitherausgeber der *Vierteljahrshefte für Zeitgeschichte* wie auch der *Akten zur deutschen auswärtigen Politik* 1918–1945 übte er national und international nachhaltigen Einfluß auf diese Disziplin aus und lehrte als Ordinarius für Neuere Geschichte an der Universität Tübingen.

Ein Emigrant, bei dem schwer zu entscheiden ist, ob man ihn als Rückkehrer einstufen kann, da er zeitweise in den USA, zeitweise in der Bundesrepublik lebt, wirkte schulbildend durch vorantreibende Förderung einer bedeutsamen historischen Forschungsrichtung, die wohl nur Fachleuten bekannt sein dürfte: Dietrich Gerhard wurde Archeget der frühneuzeitlichen Ständeforschung, die das gegenwärtige Bild des europäischen Absolutismus maßgeblich beeinflußte. Gerhard konnte als langjähriger Direktor am Göttinger Max-Planck-Institut für Geschichte zahlreiche Studien zu diesem Themenkomplex anregen bzw. durchführen.

Den größten publizistischen Erfolg erlebte unter den remigrierenden Historikern Golo Mann. Er lebt zwar überwiegend in der Schweiz, wirkte aber zeitweise als Ordinarius für Politische Wissenschaft in Stuttgart und ist im übrigen im deutschen Kulturbereich immer gegenwärtig. Seine *Deutsche Geschichte des 19. und 20. Jahrhunderts* (1958) und seine Wallenstein-Biographie (1971) wurden durch profunde Quellenkenntnis und problemorientierte Darstellungskunst zu Standardwerken und Bestsellern der historisch-politischen Literatur. Das Wallenstein-Buch erreichte bereits nach einem Jahr eine Auflage von 125 000 Exemplaren.

Eine ganze Reihe wichtiger, Jahrzehnte vergriffener Werke, die zum Teil schon vor der Emigration entstanden, erlebten Neuauflagen – auch in wohlfeiler Taschenbuchform –, so Gustav Mayers Engels-Biographie oder auch Veit Valentins Werke, um nur diese zu nennen.

Ein Blick auf die Entwicklung der DDR-Geschichtswissenschaft demonstriert eine vergleichbar starke Wirkung remigrierender Historiker: Die vielbändige *Geschichte der Lage der Arbeiter unter dem Kapitalismus* des Ostberliner Wirtschaftshistorikers Jürgen Kuczynski wurde ein Grundwerk der DDR-Geschichtsschreibung. Auch der zweite führende DDR-Wirtschaftshistoriker war Emigrant: Hans Mottek, Haupt-Autor einer dreibändigen *Wirtschaftsgeschichte Deutschlands*. Eine zentrale Rolle in ihren Fachgebieten spielen auch die Revolutionshistoriker Karl Obermann – der über deutsche Geschichte des 19. Jahrhunderts arbeitet – und Walter Markov, dessen Forschungen in erster Linie der Französischen Revolution von 1789 gewidmet sind, sowie der Methodologe und Bismarck-Forscher Ernst Engelberg. Die wissenschaftspolitische Wirksamkeit der Emigranten verband sich mit der einiger Historiker, die die NS-Diktatur in Deutschland überlebt hatten bzw. mit der Aktivität einer jüngeren, erst nach dem Krieg ihre Laufbahn beginnenden Generation. Anders als in der Bundesrepublik war die politische Ausrichtung der Remigranten in die DDR homogen: In die DDR gingen nahezu ausschließlich kommunistische Historiker, während in die Bundesrepublik auch Konservative, Liberale und Sozialdemokraten zurückkehrten – letztere aber gering an Zahl, da es vor 1933 nur wenige sozialdemokratische Historiker gab.

Für andere wissenschaftliche Disziplinen lassen sich ähnliche Wirkungen der Rückkehrer oder auch derjenigen Emigranten, die zwar nicht nach Deutschland gingen, deren Werk aber hier rezipiert wurde, nachweisen. Um nur wenige Beispiele zu nennen:

Die Anregungen, die Politikwissenschaftler wie Ernst Fraenkel und Richard Löwenthal aus der Emigration an die im Westen Berlins gelegene Deutsche Hochschule für Politik bzw. das spätere Otto-Suhr-Institut mitbrachten, prägten den Aufbau des Fachs in der Bundesrepublik und eine Generation von Politologen. Die Frankfurter Schule kehrte ebenfalls an ihren Ursprungsort zurück oder beeinflußte durch einzelne Vertreter, wie Herbert Marcuse oder Erich Fromm, auch vom Ausland her seit Mitte der sechziger Jahre das geistige Klima in der Bundesrepublik. Nach Deutschland zurückkehrende Literaturkritiker wie Hans Mayer oder Kunsthistoriker wie Otto von Simson erzielten ebenfalls beträchtliche Wirkung über die Grenzen ihrer Fachgebiete hinaus. Der remigrierende Verfassungsrechtler Hans Nawiasky wirkte nicht nur innerhalb seiner engeren Disziplin, sondern prägte maßgeblich die Verfassung des Freistaates Bayern, Gerhard Leibholz wurde Bundesverfassungsrichter.

Sichtbarer noch als in der Bundesrepublik ist die kulturpolitische Wirkung der Remigration in der DDR, weil die Emigranten von Beginn an den Neuaufbau prägten und ihre politische Ideologie Teil der auch die Kultur beherrschenden kommunistischen Staatsideologie wurde. Demgegenüber hat der Pluralismus des politischen und kulturellen Lebens der Bundesrepublik Platz für die vielgestaltigen künstlerischen, wissenschaftlichen und politischen Strömungen, die die Emigration kennzeichneten. Gerade die Remigranten trugen zu dieser Pluralität bei.

Die Frage, wie hoch der quantitative Anteil der Rückkehrer aus der Kulturemigration in die Nachfolgestaaten des Deutschen Reiches ist, kann verschieden beantwortet werden. Maßgebend sind die Kriterien, die der Auswertung des Materials zugrundegelegt werden. Die folgenden Überlegungen beschränken sich auf diejenigen Wissenschaftler, Künstler, Literaten und Publizisten, die in das *Biographische Handbuch der deutschsprachigen Emigration seit 1933* aufgenommen worden sind, umfassen also die kulturelle Elite im weitesten Sinn. Die tatsächliche Zahl der zur Kulturemigration gehörenden Emigranten liegt höher, doch ist eine annähernd präzise Bestimmung nicht möglich. In bezug auf die gesamte Kulturmigration haben die folgenden Aufschlüsselungen lediglich den Wert von Trendaussagen, in bezug auf die kulturelle Elite treffen die hier gegebenen Größenordnungen jedoch cum grano salis zu.

Die Ausgangsfrage kann nur zureichend beantwortet werden, wenn Rückkehrmöglichkeit und Rückkehrinteresse der Emigranten in die Interpretation einbezogen werden. Aus diesem Grund sind das Lebensalter der Emigranten sowie gegebenenfalls das Todesdatum zu berücksichtigen. Auch ist eine Differenzierung der ersten und zweiten Generation von Emigranten sinnvoll, weil die Akkulturation beider Generationen im letzten Aufnahmeland sich auf signifikante Weise unterschied: Während die erste Generation ihre schulische und berufliche Ausbildung in der Regel im deutschen Kulturraum abgeschlossen hatte, emigrierte die zweite Generation meist schon in einem Lebensalter, in dem Ausbildung und berufliche Sozialisation erst bevorstand und sich auch das Sprachenproblem nicht in gleichem Maße auswirkte; erlernte doch die zweite Generation die Sprache des Gastlandes meist schon während des dortigen Schulbesuchs. Für Rückkehrmöglichkeit und Rückkehrwunsch ist also die Generationszugehörigkeit von häufig ausschlaggebender Bedeutung gewesen: Wer bereits im Gastland aufgewachsen war, dessen Sprache beherrschte, aufgrund der dort durchgeführten Ausbildung keine Schwierigkeiten beim Eintritt in das Berufsleben und im übrigen eine nur geringe persönliche Erinnerung an sein Herkunftsland hatte, bei dem bestand in aller Regel nur ein geringes Rückkehrinteresse.

Wenngleich manche Emigranten unter Zugrundelegung der genannten Gesichtspunkte gleichsam zwischen den Generationen standen, kann eine quantitative Auswertung doch nicht auf Grenzwerte verzichten. Eine durch solche Grenzziehung möglicherweise eintretende Ungenauigkeit muß zugunsten der Nachprüfbarkeit des Verfahrens und der Einordnung der gewonnenen Ergebnisse in Kauf genommen werden.

Da zum damaligen Zeitpunkt ein wissenschaftliches Studium – das die längste Ausbildungsdauer hatte – bis zum 25. Lebensjahr mit der Promotion abgeschlossen sein konnte, andererseits im Jahre 1933 die Emigration aus dem Deutschen Reich begann, zählen zur ersten Generation diejenigen Emigranten, die vor 1908 geboren wurden. In bezug auf Österreich und die deutschsprachigen Gebiete der Tschechoslowakei wurde ein späteres Geburtsdatum zugrundegelegt, da diese Staaten erst 1938 bzw. 1939 in den nationalsozialistischen Herrschaftsbereich eingegliedert wurden.

Als Stichjahr wurde 1948 gewählt und die damals noch lebenden Emigranten erfaßt. Unmittelbar nach Kriegsende standen selbst Rückkehrwilligen häufig Hindernisse entgegen. Die Erteilung eines Visums durch die Westalliierten ließ oft auf sich warten. Überdies war den Emigranten noch nicht klar, was aus Deutschland werden würde. Zahlreiche zur Rückkehr entschlossene Emigranten zögerten deswegen ihren Entschluß noch hinaus, mußten auch abwarten, ob sie ohne weiteres wieder angemessene Berufsmöglichkeiten in ihrem Heimatland erhalten würden. Nicht wenige der Emigranten brauchten Zeit, die psychischen Hemmnisse einer Rückkehr zu überwinden. In jedem Fall konnten oder wollten viele der Betroffenen in den ersten Jahren nach Ende der NS-Diktatur ihren Entschluß noch nicht verwirklichen, zumal gerade für die politisch denkenden unter den Emigranten eine Mitschuld großer Teile der deutschen Bevölkerung an den Verbrechen des Regimes außer Frage stand – auch wenn die übergroße Mehrheit der Deutschen nicht im strafrechtlichen Sinne schuldig geworden war. Für die Emigranten jüdischer Herkunft schließlich war Deutschland nicht nur das Land ihrer Väter, sondern vor allem das Land, in dem ihre Väter ermordet worden waren.

Auf der anderen Seite bestanden in den ersten Nachkriegsjahren, worauf oben schon hingewiesen wurde, Reserven, nicht selten auch offene Ablehnung in Teilen der deutschen Bevölkerung gegenüber den Emigranten, vor allem wenn sie als ausländische Besatzungsoffiziere zurückkehrten wie etwa Alfred Döblin. Solche und ähnliche Überlegungen legen es nahe, ein späteres Stichjahr als 1945 zugrundezulegen.

Im ersten Band des *Biographischen Handbuchs* sind einschließlich der Rabbiner und Pfarrer annähernd 940 Personen aufgenommen worden, die neben ihrer politischen Arbeit auch wissenschaftlich, künstlerisch oder publizistisch tätig waren, also zu den Emigranten des kulturellen Sektors zählen. Ungefähr 645 von ihnen war vor 1908 bzw. 1913 geboren und nach 1948 noch am Leben, etwa 245 kehrten in die Nachfolgestaaten des Deutschen Reiches zurück, also gut 38%, etwa 2% in die Schweiz. Unter den Rückkehrern gingen knapp 60% in die westlichen Besatzungszonen, bzw. die Bundesrepublik Deutschland, 21% in die DDR, etwa 19% nach Österreich. Annähernd vier Fünftel dieser Rückkehrergruppe ist im weiteren Sinne der Publizistik zuzuordnen, der Rest verteilt sich auf Wissenschaft, Theologie und ganz wenige Künstler.

Diese Spezifizierung ergibt sich eindeutig aus der politischen Tätigkeit der im ersten Band des *Biographischen Handbuchs* Porträtierten. Aus diesem Grunde ist sogar in der zweiten Generation der Rückkehreranteil sehr hoch: ungefähr die Hälfte dieser im ersten Band enthaltenen Altersgruppe kehrte in den deutschen Kulturraum zurück. Viele dieser politischen Remigranten erlangten großen Einfluß und wichtige Ämter, wie Hartmut Mehringer, Werner Röder und Dieter Marc Schneider 1981 gezeigt haben.

Von den in den zweiten Band des *Biographischen Handbuchs* aufgenommenen ca. 4600 Angehörigen der kulturellen Elite waren ca. 2500 vor 1908 bzw. 1913 geboren und 1948 noch am Leben, ungefähr 26% von ihnen kehrten in die Nachfolgestaaten des Deutschen Reiches zurück, allerdings kehrten nur rund 8% der Angehörigen der zweiten Emigrantengeneration, die nicht politisch tätig waren, zurück. Die Verteilung auf die Rückkehrländer entspricht derjenigen der Kulturemigration des ersten Bandes, rund vier Fünftel, knapp 80% gingen in die Bundesrepublik Deutschland bzw. nach Österreich, ein Fünftel in die DDR.

Die Remigranten der im zweiten Band des *Biographischen Handbuchs* dargestellten Kulturemigration verteilten sich auf folgende Disziplinen: Geisteswissenschaftler sowie Literaten und Künstler stellen mit jeweils 27% den höchsten Anteil, gefolgt von Schauspielern und Regisseuren mit gut 24%. Insgesamt 12% der Remigranten waren Naturwissenschaftler, Ingenieure und Mediziner, 9% zählten zu den Publizisten bzw. Journalisten.

Der Schwerpunkt der Kultur-Remigration in die DDR wich von dieser quantitativen Aufgliederung insofern ab, als bei ‚ihren‘ Remigranten Künstler und Literaten vor den Schauspielern und Regisseuren den größten Anteil stellten. Die ausgeprägte politische Linksorientierung vieler Künstler und Literaten schon vor der

Emigration, von der oben bei der Skizzierung der kulturpolitischen Situation der Weimarer Republik die Rede war, erklärt diesen Schwerpunkt.

Die Unterschiede der einzelnen Disziplinen am Anteil der
Rückkehrer ist u.a. fachlich begründet: Wissenschaftler und
Künstler, deren Tätigkeit vorwiegend Arbeit mit der Sprache war,
hatten in der Regel ein höheres Interesse daran, in den deutschen
Kulturraum zurückzukehren. Was Theodor W. Adorno in einem
Vortrag für die Philosophie konstatierte, gilt mutatis mutandis
auch für andere Sektoren des kulturellen Lebens: „Der Philosophie ist ihre Sprache wesentlich. Die philosophischen Probleme
sind weitgehend Probleme ihrer Sprache, und die Abgehobenheit
ihrer Sprache von der Sache, die Sie in den sogenannten positiven
Wissenschaften vorfinden, gilt nicht in derselben Weise für die Philosophie". Auf die Ausdrucksmöglichkeiten ihrer Sprache angewiesen sind Geisteswissenschaftler in sehr viel stärkerem Maße als
Naturwissenschaftler, Ingenieure und Mediziner. Ähnliche Unterschiede wie in den Wissenschaften existieren bekanntlich in der
Kunst: Ein Schriftsteller oder Schauspieler benötigt zur Ausübung
seines Berufs perfekte Sprachbeherrschung, ein Maler, Komponist
oder Pianist kann in seinem Fach Großes leisten, ohne auf sie angewiesen zu sein. Insofern ist es kein Zufall, daß kreative Zweisprachigkeit – wie etwa bei Stefan Heym – unter den emigrierten
Literaten die Ausnahme blieb.

Eine Zusammenfassung der in die beiden Bände des *Biographischen Handbuchs* aufgenommenen Kulturemigration der ersten
Generation ergibt, daß unter dieser Personengruppe, – für die ein
Rückkehrinteresse und eine Rückkehrmöglichkeit bestand – insgesamt ein Remigrantenanteil von einem knappen Drittel, 32%, zu
verzeichnen ist. Dieser Anteil ist sehr viel höher als bisher ange-
nommen, besagt aber andererseits, daß ungefähr zwei Drittel der
zur Emigration gezwungenen Anhörigen der kulturellen Elite
*nicht* dauerhaft in die Nachfolgestaaten des Deutschen Reiches zurückkehrten, sei es weil sie nicht zurückkehren wollten, sei es weil
eine Rückkehr aufgrund gelungener Akkulturation im Gastland
geringe Attraktivität für sie hatte. Von Gewicht war auch, ob sich

ihnen im Falle der Rückkehr adäquate Berufsmöglichkeiten eröffneten, die der Karriere im Gastland zumindest gleichwertig war. In diesem Zusammenhang sei daran erinnert, daß im allgemeinen nichtjüdischen Emigranten der Entschluß zur Rückkehr leichter fiel und leichter fallen mußte als den Emigranten jüdischer Herkunft: Für viele von Ihnen bildete aufgrund der Barbarei der NS-Diktatur die Zugehörigkeit zum Judentum die wesentliche soziale Identifikation, für zahlreiche nichtjüdische Emigranten blieb die staatlich-nationale Identifikation mit Deutschland ausschlaggebend.

Die Rückkehr in den deutschen Kulturraum nach Ende der NS-Herrschaft bedarf selbstverständlich nicht nur quantitativer, sondern auch qualitativer Erforschung, bedarf schließlich der Periodisierung nach einzelnen Phasen, die in diesem Rahmen nicht geleistet werden können. Die hier gebotenen Ergebnisse beziehen sich auf den Gesamtzeitraum, also bis zum Redaktionsschluß des *Biographischen Handbuchs*. Eine fachspezifische Untersuchung würde mit Sicherheit eine unterschiedliche wissenschaftliche Wirkung von Remigranten in den einzelnen Sparten kulturellen Lebens zeigen, worauf exemplarisch bereits hingewiesen wurde.

Aber auch wissenschaftliche Disziplinen oder Künste, die nicht eigens aufgeführt wurden, konnten bedeutende Remigranten aufnehmen, stellvertretend genannt seien etwa die Regisseure Erwin Piscator und Fritz Kortner, die Schauspieler Ernst Deutsch, Helene Weigel und Therese Giehse, die Choreographin Yvonne Georgi, die Physiker Erwin Schrödinger und Max Born, der Mathematiker Carl Ludwig Siegel, der Germanist Richard Alewyn, die Philosophen Ernst Bloch, Karl Löwith, Georg Misch und Helmut Kuhn, die Soziologen René König und Helmuth Plessner, der Nationalökonom Erich Schneider, die Theologen Hubert Jedin und Hugo Rahner. Es gab wohl keinen Sektor des kulturellen Lebens, keine wissenschaftliche Disziplin, in denen nicht Remigranten tätig waren, die Bedeutendes leisteten.

Fragt man nach der Aufnahmebereitschaft für Remigranten in den Nachfolgestaaten des Deutschen Reiches, nach der Anerkennung ihrer Leistungen, so wird man auch hier einzelne Phasen und die Disziplinen unterscheiden müssen. Doch kann die von marxistischer Seite häufig zu hörende These, in der Bundesrepublik Deutschland seien gegenüber den Emigranten *generell* politisch motivierte Vorbehalte herrschend gewesen, nicht aufrechterhalten werden. Dagegen spricht der faktische Rückkehreranteil, der wie dargelegt verglichen mit der DDR ein Mehrfaches beträgt, dagegen sprechen die Karrieren der hier beispielhaft herangezogenen Rückkehrer, aber auch andere Indizien, beispielsweise ehrenvolle Auszeichnungen. Stellvertretend sei hier auf den unter der Schirmherrschaft des Bundespräsidenten stehenden, von Theodor Heuss wieder begründeten „Orden pour le mérite für Wissenschaft und Künste" verwiesen – zweifellos eine Elite-Vereinigung. Sieht man von dem bereits 1923 aufgenommenen Physiker Albert Einstein und dem 1924 aufgenommenen Chemiker Richard Willstätter ab, so waren unter den zwischen 1952 und 1982 dem Orden angehörenden 161 Mitgliedern nicht weniger als 31 Emigranten, von denen 10 nach dem Ende der NS-Diktatur in den deutschen Kulturraum rückkehrten. Der Orden nahm seit 1952 folgende emigrierte Wissenschaftler, Schriftsteller und Künstler auf:

1952 den Juristen Erich Kaufmann und den Komponisten Paul Hindemith,

1955 den Dichter Thomas Mann, den Klassischen Philologen Werner Jäger sowie die Maler Hans Purrmann und Oskar Kokoschka,

1956 die Physiker Erwin Schrödinger und Lise Meitner,

1957 den Architekten Ludwig Mies van der Rohe,

1961 den Historiker Hans Rothfels,

1963 den Mathematiker Carl Ludwig Siegel,

1966 die Schriftstellerin Anette Kolb,

1967 den Kunsthistoriker Erwin Panofsky, den Dirigenten Otto Klemperer und den Schriftsteller Carl Zuckmayer,

1969  den Kanonisten und Rechtshistoriker Stephan Kuttner,

1970 den Regisseur Fritz Kortner,

1972 den Biochemiker Sir Hans Adolf Krebs,

1973 den Historiker und Schriftsteller Golo Mann,

1974 den Biochemiker Fritz Lipmann,

1976 den Kunsthistoriker Richard Ettinghausen,

1977 den Maler Hans Hartung,

1978 den Kunsthistoriker Ernst H. Gombrich,

1979 die Physiker Victor Erich Weiskopf und Felix Bloch sowie den Dichter Elias Canetti,

1980 den Philosophen Sir Karl Popper,

1981 den Historiker Felix Gilbert und den Pianisten Rudolf Serkin,

1982 den Physiologen Sir Bernard Katz und den Kunsthistoriker Ernst Kitzinger.

Drei für sich genommen höchst unterschiedliche Karrieren nicht zurückkehrender Emigranten, die gleichwohl als Vertreter ihrer Disziplinen große Resonanz im bundesrepublikanischen Kulturleben erlangten, mögen stellvertretend stehen: der Kultursoziologe und -historiker Eugen Rosenstock-Huessy, der Architekt Walter Gropius und der Schriftsteller Jean Améry: Rosenstock-Huessy war Gastprofessor an den Universitäten Göttingen (1950), Münster (1957), Köln (1962/3), Direktor des Amerika-Instituts der Universität Köln (1961/62), wurde Ehrendoktor der Universitäten Münster (1958) und Köln (1961) und erhielt das Große Bundesverdienstkreuz (1960). Walter Gropius entwarf seit 1959 u. a. die Wohnbebauung im Berliner Stadtteil Britz-Buckow-Rudow, er erhielt den Goethepreis der Stadt Hamburg (1956), die Ernst-Reuter-Medaille der Stadt Berlin (1956), das Große Bundesverdienstkreuz (1958), den Großen Staatspreis für Architektur in Düsseldorf (1960), die Auszeichnung der Deutschen Akademie für Stadt- und Regionalplanung (1962). Der Wiener Schriftsteller Jean Améry, der 1938 nach Belgien emigrierte, arbeitete nach 1945 regelmäßig für deutschsprachige Zeitschriften und den Rundfunk, wurde Mitglied des PEN-Zentrums der Bundesrepublik Deutschland, Ehrenpräsident des österreichischen PEN, erhielt den deutschen Kritikerpreis für Literatur (1970), den Literaturpreis der Bayerischen Akademie der Schönen Künste (1972), den Lessing-Preis der Stadt Hamburg (1977), den Preis der Stadt Wien für Journalismus (1977). Ähnliche Auszeichnungen erhielten auch Nelly Sachs, Max Tau und Walter Mehring, um nur diese zu nennen.

In der DDR gelangten zahlreiche Remigranten zeitweise zu ähnlicher Anerkennung und Einfluß, z. B. Bertolt Brecht, Johannes R. Becher und andere.

Die zuerst genannten Karrieren stehen für die 8–10% derjenigen Emigranten, die zur potentiellen Rückkehrergruppe gehörten, nicht dauerhaft zurückkehrten, gleichwohl aber im Kulturleben der Bundesrepublik präsent waren und Einfluß errangen. Gastprofessuren, Akademiemitgliedschaften, Gastrollen, regelmäßige Vortragsreisen, ständige Mitarbeit in deutschen bzw. österreichischen Publikationsorganen, Ausstellungen u. a. einschlägige Aktivitäten im deutschsprachigen Kulturleben waren für diese Emigranten charakteristisch. Zahlreiche Emigranten, die während der NS-Diktatur in die Schweiz gingen – oder wie Thomas Mann nach 1945 dorthin kamen bzw. zurückgingen – wirkten ebenfalls auf die kulturelle Entwicklung in Deutschland bzw. Österreich ein. In gewissen Grenzen fand zumindest eine ideelle Reintegration auch dieser Gruppe nicht nach Deutschland zurückkehrender Emigranten statt. Literarische und künstlerische Werke der meisten Emigranten wurden in den Fünfziger, Sechziger, Siebziger, Achtziger Jahren in zahllosen Einzel- und Gesamtausgaben in der Bundesrepublik Deutschland und der DDR verlegt – zum Teil mit erheblicher Verzögerung wie etwa Lion Feuchtwanger und Oskar Maria Graf, dann aber mit großem Aufwand und Erfolg.

Die Kombination der hier angeführten Fakten – Remigrationsanteil, organisatorisch faßbare Wirksamkeit ohne Rückkehr, ideelle Reintegration des Werks – zwingt zur Revision der bisher vorherrschenden Auffassung, daß der außerordentlich massive, die deutsche Kultur aufs schwerste beeinträchtigende Verlust durch Emigration eines großen Teils der kulturellen Elite nach 1933 auch nach Ende der NS-Diktatur vollkommen irreversibel gewesen sei: Ein *Teil* – aber eben nur ein Teil – des kulturellen Verlusts, den die NS-Diktatur durch die Vertreibung vor allem jüdischer, aber auch nichtjüdischer Angehöriger der kulturellen Elite seit 1933 herbeiführte, konnte in den Jahrzehnten nach 1945, wenn auch mit Brüchen und Verzögerungen, allmählich wieder ausgeglichen werden. Zahlreiche Emigranten haben nach Ende der NS-Diktatur früher oder später zum kulturellen Wiederaufbau der Nachfolgestaaten des Deutschen Reichs beigetragen – ihre Leistung zu würdigen ist an der Zeit.

Diese Schlußfolgerung bedeutet aber keineswegs, daß das ganze Ausmaß des Verlusts nach 1945 wieder rückgängig gemacht werden konnte: Zu viele persönliche Opfer hatte diese Vertreibung gekostet, denkt man nur an diejenigen, die aus Verzweiflung während des Exils Selbstmord begingen – so unterschiedliche Charaktere wie Stefan Zweig, Walter Benjamin, Walter Hasenclever, Kurt Tucholsky stehen für diese durch die Emigration in den Tod Getriebenen. Und zahlreich waren diejenigen, denen es im Exil nicht mehr gelang, Fuß zu fassen und ihre wissenschaftliche oder künstlerische Arbeit fortzusetzen. Ein Ende fand die zu kulturellen Leistungen von Rang führende deutsch-jüdische Symbiose, die in ihrer Größe und Eigenart unwiederbringlich ist. Verzögert wurde in nicht wenigen künstlerischen und wissenschaftlichen Disziplinen die Rezeption neuer Methoden, Ergebnisse und Stilformen – manchmal für nahezu zwanzig weitere Jahre –, und das konnte nicht ohne Wirkung auf die Entwicklung von Literatur, Kunst und Wissenschaft bleiben. Und schließlich: Vieles von der fruchtbaren Spannung der Weimarer Kultur verteilte sich in der Remigration auf die Nachfolgestaaten des Deutschen Reiches und wurde so – im Positiven wie im Negativen – spannungslos.

Die vorstehende Modifizierung der bisherigen Einschätzung des kulturellen Verlusts kann und darf nicht dazu führen – das sei nochmals ausdrücklich betont –, das barbarische Verbrechen der Vertreibung zu verharmlosen oder das oft schreckliche und nahezu immer schwere Schicksal der Emigranten im Geringsten zu bagatellisieren. Vielmehr bedeutet dieses Ergebnis: Der Exodus des deutschen Geistes, den die NS-Diktatur verursachte, endete nach 1945: Trotz des fundamentalen Bruchs mit wissenschaftlichen, literarischen und künstlerischen Traditionen des deutschen Kulturlebens erreichte die NS-Kulturpolitik ihr Ziel nur partiell und in vielen Sektoren des kulturellen und wissenschaftlichen Lebens nur für einen begrenzten Zeitraum.

# Bibliographie

*Theodor W. Adorno*, Minima Moralia. Reflexionen aus dem beschädigten Leben (zuerst 1951), Frankfurt/M. 1969.

Akademie der Künste Berlin, „Das war ein Vorspiel nur . . .", Bücherverbrennung Deutschland 1933: Voraussetzungen und Folgen (Ausstellung vom 8. Mai bis 3. Juli 1983), Berlin 1983.

Aus Berlin emigriert. Werke Berliner Künstler, die nach 1933 Deutschland verlassen mußten. Ausstellung der Berlinischen Galerie, 8. April bis 4. September 1983, Berlin 1983.

Auszug des Geistes. Bericht über eine Sendereihe in Radio Bremen, 1962.

*Heinz Ludwig Arnold* (Hg.), Deutsche Literatur im Exil 1933–1945. Dokumente und Materialien, 2 Bde. Frankfurt/M. 1974.

*Gilbert Badia* u. a., Les barbelés de l'exil. Etudes sur l'émigration allemande et autrichienne (1938–1940), Grenoble 1979.

*Bernard Bailyn/Donald Fleming,* eds., The Intellectual Migration: Europe and America 1930–1960, Cambridge, Mass. 1969.

*Walter A. Berendsohn,* Die humanistische Front, 2 Bde., Zürich 1946, Worms 1976.

*Gottfried Bermann Fischer,* Bedroht-Bewahrt. Der Weg eines Verlegers, Tb. Aufl. Frankfurt/M. 1982.

*John Desmond Bernal,* Sozialgeschichte der Wissenschaften, Bd. II Tb.-Aufl. Reinbek b. Hamburg 1978.

*Werner Berthold* (Hg.), Exil-Literatur 1933–1945: Eine Ausstellung aus Beständen der Deutschen Bibliothek, Frankfurt/M., 3. erw. u. verb. Aufl. Frankfurt/M. 1967.

*Alan D. Beyerchen,* Wissenschaftler unter Hitler. Physiker im Dritten Reich, Tb.-Aufl. Frankfurt/M.–Berlin–Wien 1982.

Biographisches Handbuch der deutschsprachigen Emigration nach 1933, hg. vom Institut für Zeitgeschichte München und der Research Foundation for Jewish Immigration, Inc. New York
  – Bd. I: Politik, Wirtschaft und Öffentliches Leben. Leitung und Bearbeitung: *Werner Röder, Herbert A. Strauss* unter Mitwirkung von *Dieter Marc Schneider* und *Louise Forsyth,* München-New York-London-Paris 1980.
  – Bd. II: 1 und 2: The Arts, Sciences, and Literature. General Editors *Herbert A. Strauss, Werner Röder* with *Hannah Caplan, Egon Radvany, Horst Möller, Dieter Marc Schneider,* München usw. 1983.

– Bd. III: Gesamtregister. Unter der Leitung von *Werner Röder* zusammengestellt von *Sybille Claus, Daniel Niederland* und *Beatrix Schmidt,* München–New York–London–Paris 1983.

*Karl Dietrich Bracher,* Die deutsche Diktatur, 3. Aufl. Köln-Berlin 1970.

*ders.,* Zeit der Ideologien. Eine Geschichte politischen Denkens im 20. Jahrhundert, Stuttgart 1982.

*Karl Dietrich Bracher/Manfred Funke/Hans Adolf Jacobsen* (Hg.) Nationalsozialistische Diktatur 1933–1945, Düsseldorf 1983.

*Martin Broszat,* Der Staat Hitlers, 9. Aufl. München 1981.

*ders./Horst Möller* (Hrsg.), Das Dritte Reich. Herrschaftsstruktur und Geschichte, München 1983.

*Gordon A. Craig,* Deutsche Geschichte aus amerikanischer Sicht. Vortrag im Institut für Zeitgeschichte München 22. 10. 1980, SD München 1981.

*Volker Dahm,* Das jüdische Buch im Dritten Reich, 2 Bde., Frankfurt/M. 1979/1982.

*Hans Daiber,* Deutsches Theater seit 1945, Stuttgart 1976.

*Maurice R. Davie,* Refugees in America, New York 1947.

*Istvan Deak,* Weimar Germany's Left-Wing Intellectuals, Berkeley 1968.

*Horst Denkler/Karl Prümm* (Hg.), Die deutsche Literatur im Dritten Reich, Stuttgart 1976.

*Manfred Durzak* (Hg.), Die deutsche Exilliteratur 1933–1945, Stuttgart 1973.

*Karl Dietrich Erdmann,* Die Zeit der Weltkriege (Gebhardts Handbuch der Deutschen Geschichte, Bd. IV) 1 u. 2, Stuttgart 1973/1976.

*Wolfgang Elfe u. a.* (Hg.), Akten des Exilliteratur-Symposiums der University of South Carolina 1976, Bern–Frankfurt/M.–Las Vegas 1977.

*Friederike Euler,* Theater zwischen Anpassung und Widerstand. Die Münchner Kammerspiele im Dritten Reich, in: Bayern in der NS-Zeit, II. Hg. von Martin Broszat und Elke Fröhlich, München–Wien 1979

*Ruth Fabian/Corinna Coulmas,* Die Emigration in Frankreich nach 1933, München-New York-London-Paris 1978.

*Bernd Faulenbach* (Hg.), Geschichtswissenschaft in Deutschland, München 1974.

*ders.,* Ideologie des deutschen Weges. Die deutsche Geschichte in der Historiographie zwischen Kaiserreich und Nationalsozialismus, München 1980.

*Wolfgang Frühwald/Wolfgang Schieder* (Hg.), Leben im Exil. Probleme der Integration deutscher Flüchtlinge im Ausland 1933–1945, Hamburg 1981.

*Peter Gay,* Die Republik der Außenseiter. Geist und Kultur in der Weimarer Zeit: 1918–1933, Frankfurt/M. 1970.

*Horst Göppinger,* Die Verfolgung der Juristen jüdischer Abstammung durch den Nationalsozialismus, Villingen 1963.

*Franz Goldner,* Die österreichische Emigration 1938–1945, Wien–München 1972.

*Kurt R. Grossmann,* Emigration. Geschichte der Hitler-Flüchtlinge 1933–1945, Frankfurt/M. 1969.

*Will Grohmann,* Bildende Kunst und Architektur zwischen den beiden Kriegen, Berlin 1953.

*Emil Julius Gumbel* (Hg.), Freie Wissenschaft. Ein Sammelbuch aus der deutschen Emigration, Straßburg 1938.

*Horst Halfmann,* Bibliographien und Verlage der deutschsprachigen Exil-Literatur 1933–1945, in: Beiträge zur Geschichte des Buchwesens, Bd. 4, Leipzig 1969.

*Werner Haftmann,* Malerei im 20. Jahrhundert, 2. Bde., 4. erw. Aufl. 1965.

*Jan Hans,* Deutsche Theaterleute im amerikanischen Exil, Hamburg 1976.

*Hanno Hardt/Elke Hilscher/Winfried B. Lerg* (Hg.), Presse im Exil. Beiträge zur Kommunikationsgeschichte des Exils 1933–1945, München 1979.

*Edward Y. Hartshorne Jr.,* The German Universities and National Socialism, London 1937.

*Helmut Heiber,* Walter Frank und sein Reichsinstitut für Geschichte des neuen Deutschland, Stuttgart 1966.

*Jost Hermand/Frank Trommler,* Die Kultur der Weimarer Republik, München 1978.

*Klaus Hildebrand,* Das Dritte Reich, München-Wien 1979.

*Gerhard Hirschfeld* (Hg.), Exil in Großbritannien. Zur Emigration aus dem nationalsozialistischen Deutschland, Stuttgart 1983.

*Louise W. Holborn,* Deutsche Wissenschaftler in den Vereinigten Staaten in den Jahren nach 1933, in: Jahrbuch für Amerikastudien, Bd. 10 (1965), S. 15–26.

*Norbert Huse* (Hg.), Neues Bauen 1919–1933, Katalog, München 1975.

*Georg G. Iggers,* Deutsche Geschichtswissenschaft. Eine Kritik der traditionellen Geschichtsauffassung von Herder bis zur Gegenwart, München 1971.

Internationales Symposion zur Erforschung des österreichischen Exils von 1934–1945 vom 3.–6. Juni 1975 zu Wien, Protokoll, Wien 1977.

*Martin Jay,* Dialektische Phantasie. Die Geschichte der Frankfurter Schule und des Instituts für Sozialforschung 1923–1950, Tb. Aufl. Frankfurt/M. 1981.

*Inge Jens,* Dichter zwischen rechts und links. Die Geschichte der Sektion für Dichtkunst der Preußischen Akademie der Künste, dargestellt nach den Dokumenten, Tb. Aufl. München 1979.

*Alfred Kantorowicz,* Politik und Literatur im Exil. Deutschsprachige Schriftsteller im Kampf gegen den Nationalsozialismus, München 1983.

*ders.* Exil in Frankreich. Merkwürdigkeiten und Denkwürdigkeiten, 2. Aufl. Hamburg 1983.

121

*Donald P. Kent,* The Refugee Intellectual. The Americanization of the Immigrants of 1933–1941, New York 1953.

Klassiker in finsteren Zeiten 1933–1945. Eine Ausstellung des Deutschen Literaturarchivs im Schiller-Nationalmuseum Marbach am Neckar, 14. Mai bis 31. Oktober 1983, 2 Bde., Marbach 1983.

*Friedrich Wolfgang Knellessen,* Agitation auf der Bühne. Das politische Theater der Weimarer Republik, Emsdetten 1970.

*René König,* Studien zur Soziologie, Frankfurt/M. 1971.

*Kurt Koszyk,* Deutsche Presse 1914–1945. Geschichte der deutschen Presse, Teil III, Berlin 1972.

Kunst und Literatur im antifaschistischen Exil 1933–1945, 7 Bde., Leipzig 1978–1981, Liz. Ausg. Frankfurt/M. 1979–1981.

*Evelyn Lacina,* Emigration. Sozialhistorische Darstellung der deutschsprachigen Emigration und einiger ihrer Asylländer aufgrund ausgewählter Selbstzeugnisse, Stuttgart 1982.

*Walter Laqueur,* Weimar. Die Kultur der Republik, Tb. Ausg. Frankfurt/M.–Berlin–Wien 1977.

*Franz Lennartz,* Deutsche Dichter und Schriftsteller unserer Zeit, 10. erw. Aufl. Stuttgart 1969.

*M. Rainer Lepsius* (Hg.), Soziologie in Deutschland und Österreich 1918–1945 (Sonderheft der Kölner Zeitschrift für Soziologie und Sozialpsychologie) 1981.

*Richard Lichtheim,* Die Geschichte des deutschen Zionismus, Jerusalem 1954.

*Richard Löwenthal/Patrik van und zur Mühlen* (Hg.), Widerstand und Verweigerung in Deutschland 1933–1945, Berlin-Bonn 1982.

*Ernst Loewy* (Hg.), Literarische und politische Texte aus dem deutschen Exil 1933–1945, überarb. Tb.-Ausg. 3 Bde., Frankfurt/M. 1981.

*ders.,* Literatur unterm Hakenkreuz, 3. überarb. Aufl., Frankfurt/M. 1977.

*Ernst Gottfried Lowenthal* (Hg.), Bewährung im Untergang. Ein Gedenkbuch, Stuttgart 1965.

*Lieselotte Maas,* Handbuch der deutschen Exilpresse 1933–1945, Bd. 1 ff. München–Wien 1976 ff.

*dies.* Deutsche Exilpresse in Lateinamerika, Frankfurt/M. 1978.

*Heinrich Mann,* Ein Zeitalter wird besichtigt, Tb. Reinbek b. Hamburg 1976.

*Klaus Mann,* Der Wendepunkt. Ein Lebensbericht (zuerst engl. 1942), Frankfurt/M. 1976.

*Herbert Marcuse,* Der Einfluß der deutschen Emigration auf das amerikanische Geistesleben: Philosophie und Soziologie, in: Jahrbuch für Amerikastudien 10 (1965), S. 27–33.

*Hans Mayer,* Ein Deutscher auf Widerruf. Erinnerungen I, Frankfurt/M. 1982.

*Hartmut Mehringer/Dieter M. Schneider,* Deutsche in der europäischen Resistance, in: *Löwenthal/von und zur Mühlen.* Widerstand und Verweigerung in Deutschland (siehe auch: *Frühwald/Schieder,* Leben im Exil).

*Brigitte Melzwig,* Deutsche sozialistische Literatur 1918–1945: Bibliographie der Buchveröffentlichungen, Berlin (Ost)–Weimar 1975.

*Peter de Mendelssohn,* Zeitungsstadt Berlin. Menschen und Mächte in der Geschichte der deutschen Presse, überarb. u. erw. Tb. Aufl. Frankfurt/M.-Berlin-Wien 1982.

*Reinhard Merker,* Die bildenden Künste im Nationalsozialismus, Köln 1983.

*Horst Möller,* Die nationalsozialistische Machtergreifung. Konterrevolution oder Revolution?, in: Vierteljahrshefte für Zeitgeschichte, 31. Jg. (1983), S. 25–51, siehe auch: Martin Broszat. Siehe auch: Biographisches Handbuch.

*Armin Mohler,* Die Konservative Revolution in Deutschland 1918–1932, 2. völlig neubearb. u. erw. Fassung, Darmstadt 1972.

*Helmut Müssener,* Exil in Schweden. Politische und kulturelle Emigration nach 1933, München 1974.

*ders.,* Deutschsprachiges Exiltheater in Skandinavien, Stockholm 1977.

*Fritz Neumark,* Zuflucht am Bosporus. Deutsche Gelehrte, Politiker und Künstler in der Emigration 1933–1953, Frankfurt/M. 1980.

*Franz L. Neumann/W. Rex Crawford* (Hg.), The Cultural Migration. The European Scholar in America 1930–1960, Philadelphia, Pa., 1953.

*Thomas Nipperdey,* Nationalismus im 20. Jahrhundert. Über einige Formen des Zionismus, in: Vom Staat des Ancien Regime zum modernen Parteienstaat (Festschrift für Theodor Schieder), hg. von *Helmut Berding, Kurt Düwell, Lothar Gall, Wolfgang J. Mommsen, Hans-Ulrich Wehler,* München-Wien 1978.

Notgemeinschaft deutscher Wissenschaftler im Ausland (Hg.), List of Displaced German Scholars, London 1936 (ND Stockholm 1975).

*Erwin Panofsky,* Drei Jahrzehnte Kunstgeschichte in den Vereinigten Staaten. Eindrücke eines versprengten Europäers, in: ders., Sinn und Deutung in der bildenden Kunst, Köln 1978

*Wolfgang Pehnt,* Das Ende der Zuversicht. Architektur in diesem Jahrhundert, Berlin 1983.

Der deutsche PEN-Club im Exil 1933–1948. Eine Ausstellung der Deutschen Bibliothek Frankfurt am Main, Frankfurt/M. 1982.

*Uwe Hendrik Peters,* Zur Emigration der deutschen Psychoanalyse 1933–1938 (Ms.).

*Wolfgang Petzet,* Die Münchner Kammerspiele 1911–1972, München 1973.

*Nikolaus Pevsner,* Wegbereiter moderner Formgebung von Morris bis Gropius, Köln 1983.

ders., *John Fleming/Hugh Honour,* Lexikon der Weltarchitektur, erw. dt. Ausg. Darmstadt 1971.

*David Pike,* Deutsche Schriftsteller im sowjetischen Exil, Frankfurt/M. 1981.

*Erwin Piscator,* Das Politische Theater, Tb. Aufl. Reinbek bei Hamburg 1979.

*Helmuth Plessner,* Diesseits der Utopie. Ausgew. Beiträge zur Kultursoziologie, Tb. Aufl. Frankfurt/M. 1974.

*Ploetz,* Das Dritte Reich, Hg. von *Martin Broszat* und *Norbert Frei* in Verbindung mit dem Institut für Zeitgeschichte, München–Freiburg–Würzburg 1983.

Propos d'exil. Articles publiés dans „La Dépêche" par les émigrés du III[e] Reich, ed. *Erhard Staedtler,* Ausstellung des Goethe-Instituts in Toulouse, Dezember 1983.

*Helge Pross,* Die deutsche akademische Emigration nach den Vereinigten Staaten 1933–1941, Berlin 1955.

Realismus. Zwischen Revolution und Reaktion 1919–1939. Staatliche Kunsthalle Berlin 16. Mai–28. Juni 1981, München 1981 (zuerst Ausstellung im Centre Pompidou, Paris 1980).

*Werner Röder,* Die deutschen sozialistischen Exilgruppen in Großbritannien, 2. Aufl. Bonn–Bad Godesberg 1973.

ders., Zur Situation der Exilforschung in der Bundesrepublik Deutschland, in: Exil und Innere Emigration, II. Frankfurt/M. 1973, S. 141–153.

ders., Jan Hans, Emigrationsforschung, in: Akzente, Jg. 20 (1973), S. 580–591. s. a. Biographisches Handbuch.

*Franz Roh,* Entartete Kunst, Hannover 1962.

*Arthur Rosenberg,* s. u. Gumbel.

*Günther Rühle* (Hg.), Zeit und Theater, 3 Bde., 1913–1945, Frankfurt/M.–Berlin–Wien 1973–1974.

*Edgar Salin,* Politische Ökonomie. Geschichte der wirtschaftspolitischen Ideen von Platon bis zur Gegenwart, 5. erw. Aufl. Tübingen–Zürich 1967.

*R. H. Samuel/R. Hinton,* Education and Society in Modern Germany, London 1949.

*Gerhard Sauder* (Hg.), Die Bücherverbrennung. Zum 10. Mai 1933, München–Wien 1983.

*Hans Dieter Schäfer,* Das gespaltene Bewußtsein. Deutsche Kultur und Lebenswirklichkeit 1933–1945, 2. Aufl. München-Wien 1982.

*Dieter Marc Schneider,* s. a. Biographisches Handbuch. S. a. *Mehringer.*

*Sigrid Schneider,* Exil, in: Kulturpolitisches Wörterbuch Bundesrepublik Deutschland-DDR im Vergleich, hg. von *Wolfgang R. Langenbucher, Ralf Rytlewski, Bernd Weyergraf,* Stuttgart 1983, S. 170–174.

*Werner Schochow,* Deutsch-jüdische Geschichtswissenschaft. Eine Geschichte ihrer Organisationsformen unter besonderer Berücksichtigung der Fachbibliographie, Berlin 1969.

*Hans Joachim Schoeps* (Hg.), Zeitgeist der Weimarer Republik, Stuttgart 1968.

*Gershom Scholem,* Walter Benjamin – Die Geschichte einer Freundschaft, Frankfurt/M. 1975.

ders., Von Berlin nach Jerusalem. Jugenderinnerungen, Frankfurt/M. 1977.

ders., Zur Sozialpsychologie der Juden in Deutschland 1900–1930, in: ders. Judaica, 4. Hg. von Rolf Tiedemann, Frankfurt/M. 1984.

*Hans-Peter Schwarz,* Vom Reich zur Bundesrepublik. Deutschland im Widerstreit der außenpolitischen Konzeptionen in den Jahren der Besatzungsherrschaft 1945–1949, 2. erw. Aufl. Stuttgart 1980.

*Hans Sedlmayr,* Verlust der Mitte, 9. Tb. Aufl. Frankfurt/M.–Berlin 1965.

*Jürgen Serke* (Hg.), Die verbrannten Dichter. Mit Fotos von Wilfried Bauer, Tb. Ausg. Frankfurt/M. 1980.

*Kurt Sontheimer,* Antidemokratisches Denken in der Weimarer Republik. Die politischen Ideen des deutschen Nationalismus zwischen 1918 und 1933, 2. Aufl. München 1968.

*John M. Spalek,* Guide to the Archival Materials of the German Speaking Emigration to the United States after 1933, Charlottesville, Va. 1978.

*Wolfgang Stegmüller,* Hauptströmungen der Gegenwartsphilosophie, 2 Bde., 4. erw. Aufl. Stuttgart 1969/1975.

*Alexander Stephan,* Die deutsche Exilliteratur 1933–1945, München 1979.

*Wilhelm Sternfeld,* Eva Tiedemann, Deutsche Exilliteratur 1933–1945. Eine Bio-Bibliographie, 2. überarb. Aufl. Heidelberg 1970.

*Gerald Stouzh,* Bibliographie der deutschsprachigen Emigration in den Vereinigten Staaten, 1933–1963: Geschichte und Politische Wissenschaft I, II, in: Jahrbuch für Amerikastudien, Bd. 11 (1966), 12 (1967).

ders., Die deutschsprachige Emigration in den Vereinigten Staaten: Geschichtswissenschaft und Politische Wissenschaft, in: Jahrbuch für Amerikastudien 10 (1965), S. 59–77.

*Günter Peter Straschek,* Kinematographie im Exil. Zur Geschichte der deutschsprachigen Filmemigration 1933–1945, 2 Bde., vorauss. 1984.

*Herbert A. Strauss,* Deutsch-Jüdische Geschichtswissenschaft und Antisemitismus heute (Festvortrag aus Anlaß der 22. Jahrestagung der Historischen Kommission zu Berlin am 28. Februar 1980), Berlin 1981.

ders., (ed.), Jewish Immigrants of the Nazi Period in the U.S.A., Vols, 1–3, München–New York–London–Paris 1978–1982, vols. 4–6 in Vorb.

ders., Jewish Emigration from Germany. Nazi Policies and Jewish Responses I, II, in: Yearbook Leo Baeck Institute 25 (1980), 26 (1981). s. a. Biographisches Handbuch.

Theater im Exil 1933–1945. Ausstellung in der Akademie der Künste in Berlin, hg. von *Walter Huder,* Berlin 1973.

*Curt Trepte,* Deutsches Theater im Exil der Welt: ein Übersichtsbericht über die Tätigkeit deutscher Theaterkünstler in der Emigration 1933–1946, in: Protokoll des II. Internationalen Symposiums zur Erforschung des deutschsprachigen Exils nach 1933, Kopenhagen 1972.

*Herbert A. Tutas,* Nationalsozialismus und Exil. Die Politik des Dritten Reiches gegenüber der deutschen politischen Emigration 1933–1939, München-Wien 1975.

Verzeichnis der Schriften, die 1933–1945 nicht angezeigt werden durften. Bearb. u. hg. von der Deutschen Bücherei in Leipzig 1949 (Deutsche Nationalbibliographie, Erg.bd. 1), Leipzig 1949.

*Shulamit Volkow,* Antisemitismus in Deutschland als Problem jüdisch-nationalen Denkens und jüdischer Geschichtsschreibung, in: Geschichte und Gesellschaft, 5. Jg. (1979), S. 519–544.

Vor fünfzig Jahren. Die Emigration deutschsprachiger Wissenschaftler 1933–1939. Im A. d. Gesellschaft für Wissenschaftsgeschichte zusgest. von *Peter Kröner,* Münster 1983.

*Hans-Christof Wächter,* Theater im Exil. Sozialgeschichte des deutschen Exil-Theaters 1933–1945, München 1973.

*Ulrich Walberer* (Hg.), 10. Mai 1933. Bücherverbrennung in Deutschland und die Folgen, Frankfurt/M. 1983.

*Hans-Albert Walter,* Deutsche Exil-Literatur 1933–1950, Bde. 1, 2, 7 Neuwied 1972–1974, bearb. Neuausg. Bd. 4, Stuttgart 1978.

*ders.,* Die Helfer im Hintergrund. Zur Situation der deutschen Exil-Verlage 1933–1945, in: Frankfurter Hefte Jg. 20 (1965), S. 121–132.

*Elisabeth Weichmann,* Zuflucht. Jahre des Exils, Hamburg 1983.

*Hans Weigert,* Geschichte der europäischen Kunst, 3. verb. Aufl., 2 Bde., Stuttgart 1951.

*F. C. Weiskopf,* Unter fremden Himmeln. Ein Abriß der deutschen Literatur im Exil 1933–1947, Neuaufl. Berlin (Ost)-Weimar 1981.

*Albert Wellek,* Der Einfluß der deutschen Emigration auf die Entwicklung der nordamerikanischen Psychologie, in: Jahrbuch für Amerikastudien 10 (1965), S. 34–58.

*Robert Weltsch* (Hg.), Deutsches Judentum. Aufstieg und Krise, Stgt. 1963.

*Karl Ferdinand Werner,* Das NS-Geschichtsbild und die deutsche Geschichtswissenschaft, Stuttgart–Berlin–Köln–Mainz 1967.

*Horst Widmann,* Exil und Bildungshilfe: Die deutschsprachige akademische Emigration in der Türkei nach 1933, Bern–Frankfurt/M. 1973.

*John Willett,* Explosion der Mitte. Kunst und Politik 1917–1933, dt. München 1981.

*Joseph Wulf* (Hg.), Presse und Funk im Dritten Reich; Die bildenden Künste im Dritten Reich; Theater und Film im Dritten Reich; Musik im Dritten Reich; Literatur und Dichtung im Dritten Reich; 5 Bde., Neuaufl. Frankfurt/M.–Berlin 1983.

Zeitschrift für Sozialforschung. Hg. von *Max Horkheimer*, Jg. 1–9 (1932–1941), Tb. Reprint München 1980.
*Stefan Zweig*, Die Welt von Gestern. Erinnerungen eines Europäers, Stockholm 1944, Tb. Aufl. Frankfurt/M. 1975.

# Der Autor

*Horst Möller*, geb. 1943, Dr. phil., ist ordentlicher Professor für Neuere Geschichte an der Universität Erlangen-Nürnberg, 1979–1982 war er Stellvertretender Direktor des Instituts für Zeitgeschichte, München. Er schrieb u. a.: Aufklärung in Preußen, 1974; Weimar – Die unvollendete Demokratie, 1984; Parlamentarismus im Preußen der Weimarer Republik, 1985; sowie zahlreiche Aufsätze zur Geschichte des 17. bis 20. Jahrhunderts. Mit Martin Broszat gab er den Band Das Dritte Reich. Herrschaftsstruktur und Geschichte, 1983, heraus und zählt zu den Mitherausgebern des von Werner Röder und Herbert A. Strauss hg. International Biographical Dictionary of Central European Emigrés 1933–1945, vol. II, 1, 2, 1983.

# Personenregister

Die Namen der Emigranten sind kursiv gesetzt.